Parents essoufflés, enseignants épuisés

Les répercussions sociales d'une éducation trop permissive

Catalogage avant publication de Bibliothèque et Archives nationales du Québec et Bibliothèque et Archives Canada

Quesnel, Anne-Marie, 1971-
Parents essoufflés, enseignants épuisés : les répercussions sociales d'une éducation trop permissive (Collection Parent un jour, parent toujours)

ISBN 978-2-89697-015-5

1. Éducation des parents - Aspect social. 2. Enfants - Discipline. 3. Rôle parental. 4. Parents et enfants. 5. Enfants difficiles - Éducation. I. Titre

HQ769.Q472 2013   649'.1   C2012-942612-1

Nous reconnaissons l'aide financière du gouvernement du Canada par l'entremise du Fonds du livre du Canada (FLC) pour nos activités d'édition.
Nous remercions la Société de développement des entreprises culturelles du Québec (SODEC) pour son appui à notre programme de publication.

Infographie de la couverture : Annie Duperré
Mise en pages : Annie Duperré et Josée Larrivée
Correction d'épreuves : Michèle Blais

Éditeur :   Les Éditions CARD inc.
            Siège social et entrepôt
            Complexe Lebourgneuf, bur.125
            825, boul. Lebourgneuf
            Québec (Québec) G2J 0B9 CANADA
            Tél. : 418 845-4045
            Téléc. : 418 845-1933
            Courriel : info@editions-card.com
            Site Web : www.editions-card.com

Les Éditions CARD inc.
Bureau d'affaires
407-D, rue Principale
St-Sauveur des Monts (Québec)
J0R 1R4 CANADA
Tél. : 450 227-8668
Téléc. : 450 227-4240

ISBN : 978-2-89697-015-5

Dépôt légal : 1er trimestre 2013
            Bibliothèque nationale du Québec
            Bibliothèque nationale du Canada

Limites de responsabilité
L'auteure et l'éditeur ne revendiquent ni ne garantissent l'exactitude, le caractère applicable et approprié ou l'exhaustivité du contenu de ce programme. Ils déclinent toute responsabilité, expresse ou implicite, quelle qu'elle soit.

Anne-Marie Quesnel

Parents essoufflés, enseignants épuisés

Les répercussions sociales d'une éducation trop permissive

ÉDITIONS
C·A·R·D

Table des matières

Introduction 7

Chapitre 1 : L'importance de la collaboration entre
parents et enseignants..19

Chapitre 2 : La naissance de bébé : le miracle de la vie 31

Chapitre 3 : Quand le restaurant devient un terrain de jeu 37

Chapitre 4 : Élever nos enfants… même quand il y a de la visite ! ...41

Chapitre 5 : La valeur des cadeaux « empoisonnés »........................47

Chapitre 6 : Désamorcer les crises durant la petite enfance............53

Chapitre 7 : Une place pour l'individualité, une place
pour la conformité 63

Chapitre 8 : La lourdeur de faire des choix 69

Chapitre 9 : Ignorer un enfant qui crie est-il une
solution efficace ?...77

Chapitre 10 : L'impact de nos gestes : les enfants nous imitent..........81

Chapitre 11 : Élever notre enfant sans lui faire de peine :
est-ce un service à lui rendre ? 87

Chapitre 12 : L'équité passe-t-elle par des interventions
identiques pour tous les enfants ? 95

Chapitre 13 : Des limites aux explications....................................99

Chapitre 14 : Les bases de la communication efficace 105

Chapitre 15 : Les conséquences de l'insouciance 113

Chapitre 16 : La qualité du langage...121

Chapitre 17 : La télévision, les jeux vidéo et la
capacité d'attention 127

Chapitre 18 : Le cellulaire et les autres outils
de communication 137

Chapitre 19 : L'impact de la téléréalité sur
la sexualité des adolescents 143

Chapitre 20 : Éduquer nos enfants à bien utiliser
les médias sociaux..155

Chapitre 21 : Les avantages d'apprendre à faire face
à l'adversité en bas âge...165

Conclusion 173

Introduction

Au cours de ma carrière d'enseignante, j'ai occupé différents postes. Pendant quinze ans, j'ai enseigné le français en 1re secondaire avec des compléments de tâche autant en français qu'en anglais en 2e et 3e secondaire. J'ai ensuite occupé un poste de conseillère pédagogique pendant deux ans, puis de directrice-adjointe en 4e et 5e secondaire pendant un an. Je suis retournée en classe pour enseigner le français en 3e, 4e et 5e secondaire ainsi qu'éthique et culture religieuse en 5e secondaire. Au total, cela fait maintenant 20 ans que je travaille dans le milieu de l'éducation. Passionnée de psychologie et de pédagogie, j'ai toujours été curieuse de comprendre comment nous nous comportons, pourquoi nous agissons de telle ou telle manière, comment le cerveau fonctionne, qu'est-ce qui façonne nos gestes, nos idées, nos positions.

Les enfants qui présentent des difficultés scolaires m'interpellent : j'ai souvent donné des cours particuliers pour les aider à outrepasser des blocages, pour leur montrer comment apprendre, comment leur cerveau retient l'information, ce qu'ils peuvent faire pour mieux organiser les données. Je crois avoir toujours fait preuve d'une patience infinie et d'une créativité intéressante avec ces jeunes qui n'apprennent pas de façon traditionnelle. Je suis aussi mère de deux belles filles que j'adore et qui me rendent tellement fière, en plus d'assurer le rôle de belle-mère auprès de la fille de mon mari. Nous avons donc vécu les aléas d'une famille recomposée. Mes filles ont toutes les deux eu des défis à surmonter : l'aînée étant née avec une paralysie temporaire ayant laissé quelques séquelles physiques, puis ayant contracté la bactérie E. coli à l'âge de deux ans, et la plus jeune ayant reçu le diagnostic de TDA (trouble du déficit de l'attention) durant le primaire. Leur parcours scolaire en a toujours été affecté et j'ai dû travailler avec le personnel à titre de mère afin d'informer, parfois même d'éduquer les enseignants ou la direction. Éternelle étudiante, mes recherches m'ont beaucoup servi, autant dans mon travail que dans mon rôle de mère et j'espère en avoir fait profiter autant de gens que possible, sans toutefois imposer quoi que ce soit. J'avoue que la conciliation mère-enseignante n'a pas toujours été facile, les parents-enseignants étant parfois les pires critiques du travail des enseignants de leurs propres enfants, de la même façon qu'on dit des médecins qu'ils sont les pires patients ! Cela prend du doigté, de la diplomatie et une bonne dose d'humilité. Pour moi, la pire année a été celle où j'étais directrice, puisque j'ai eu la mauvaise idée d'emmener mes filles dans mon école. Elles n'ont jamais eu de problème de comportement à l'école, bien au contraire, nous avons souvent reçu des éloges à leur égard. Cependant, ce ne sont pas tous les acteurs du monde de l'éducation qui comprennent les problèmes rencontrés par des jeunes en difficulté ayant, par exemple, un diagnostic de TDA. Nombreux sont ceux qui croient que ce n'est qu'une question d'extrême paresse de la part de l'enfant, nombreuses sont les directions d'école qui croient que mettre un jeune en retenue quand il oublie son matériel le guérira. Si c'était aussi simple, n'aurait-on pas déjà « guéri » tous les enfants diagnostiqués TDA ? Bref, la mère en moi voulait et devait éduquer et défendre son enfant, mais la directrice que j'étais au même moment devait respecter la politique de l'établissement et établir son autorité auprès du personnel enseignant. C'étaient deux rôles incompatibles dans le cadre que j'avais choisi. Je n'ai pas réussi.

C'est pour cette raison que j'ai décidé de retourner en classe à titre d'enseignante. J'avais vécu l'arrivée de la première vague d'élèves issus de la réforme en 1re secondaire, en 2006, puis j'ai passé les trois années suivantes dans des postes d'administration (conseillère pédagogique et directrice-adjointe). J'avais déjà constaté des changements dans le comportement des jeunes à cette époque, mais le fait de ne pas avoir le contact direct d'un enseignant avec les élèves pendant trois ans a rendu le choc peut-être plus brutal à mon retour. Les changements ont été mis en évidence.

Tout n'est pas mauvais, bien au contraire. La nouvelle génération n'a pas peur de s'exprimer, elle est fonceuse, elle possède des connaissances très élargies sur nombre de sujets. La technologie ne lui fait pas peur, même que comme adultes, nous ne devons pas craindre d'arriver en classe avec un nouvel outil : si nous avons un problème avec l'appareil, il se trouvera toujours un élève pour nous aider ! Ils sont meilleurs que nous sur bien des aspects. Par contre, et je vais bien sûr généraliser en disant ceci, ils ont perdu, jusqu'à un certain point, certaines qualités humaines telles que les bonnes manières, la douceur, le respect, la persévérance, la gentillesse, l'empathie. Ce n'est pas vraiment leur faute : c'est nous qui les avons élevés de cette façon. Comme parents, nous avons fait de très bons coups, mais l'évolution de notre société au cours des dernières décennies s'est faite à un rythme endiablé et nous n'avons pas toujours pris le temps de réfléchir aux raisons pour lesquelles nous avons modifié notre façon d'éduquer nos enfants par rapport aux méthodes de nos parents, aux répercussions qu'auraient nos choix et nos décisions. Nous sommes la première génération dont les enfants ont grandi à la garderie, les deux parents étant maintenant pratiquement obligés de travailler à l'extérieur pour subvenir aux besoins familiaux. On commence à peine à mesurer les impacts d'une socialisation massive en aussi bas âge. Les voyages font partie de notre normalité, les gadgets électroniques aussi. Nous sommes de grands consommateurs. Quand nos enfants sont nés, les postes à la télévision roulaient 24 heures par jour, 7 jours sur 7. Nous possédions un lecteur VHS, maintenant un DVD ou un BluRay. Nous avons utilisé des émissions pour faire un peu de gardiennage pendant que nous préparions le souper. Nos enfants ont joué avec des tonnes de jeux vidéo, ont pratiquement arrêté d'aller jouer dehors (on a peur qu'ils soient enlevés...). On a écouté les conseils de moult spécialistes, psychologues et médecins. On a tenté de valoriser notre enfant, de stimuler son estime de soi, de l'écouter, de le comprendre, de l'excuser, de l'aimer... On a essayé d'être de « Super Parents » dans ce rythme frénétique qui a marqué notre génération. Avons-nous réussi ?

L'idée d'écrire ce livre m'est venue suite à la réponse incroyable que j'ai reçue en février 2012, lorsque j'ai écrit un texte publié par *La Presse*. Je crois que je vivais un moment de découragement au travail, et j'ai eu le goût de dire aux parents, dont je fais partie : « Hé !

Réveillons-nous! Il y a quelque chose qui ne fonctionne pas chez nos jeunes!» J'ai osé lancer un cri du cœur auquel je n'ai toujours pas de réponses... Est-ce ma crise de la quarantaine? Est-ce les jeunes qui ont vraiment changé? Est-ce moi, le problème? Est-ce la société? Or, chose certaine, en l'espace d'une semaine, mon texte a été lu et référé sur Facebook plus de 8000 fois! J'ai reçu des dizaines de témoignages d'enseignants un peu partout dans la province, qui me disaient vivre des phénomènes semblables (donc, il ne faut vraiment pas croire que ce sont seulement MES élèves qui agissent avec nonchalance, voire avec une certaine inconscience devant l'impact de leurs gestes et de leurs paroles, parfois ponctués d'une certaine agressivité), des remerciements de parents et d'enseignants qui applaudissaient mon courage d'avoir osé dire tout haut ce que plusieurs pensent tout bas, notamment que ces attitudes sont irrecevables et intolérables; il est temps qu'on se pose des questions et qu'on ajuste le tir en ce qui a trait à notre façon d'éduquer nos enfants. Même écho de mon Ontario natal, où mon texte a été affiché dans le salon du personnel de certaines écoles. J'ai discuté avec des enseignants du primaire, du secondaire, du cégep et de l'université, ces derniers me disant qu'il y a maintenant des parents qui les appellent pour justifier, excuser leur enfant ou encore exiger des explications quant aux résultats de leur jeune qui, soit dit en passant, est maintenant un adulte! J'ai donné deux entrevues téléphoniques, soit la première à 98,5 avec Guy Simard[1] et la seconde à CIBL 101,5 avec Marc-André B. Carignan[2]. Ma lettre a par la suite été reprise dans le blogue de Patrick Lagacé[3], puis a été largement commentée par monsieur Lagacé et Paul Houde sur 98,5[4]. Leur analyse vaut la peine d'être écoutée. J'ai aussi accordé une entrevue à l'émission de Jean-Luc Mongrain[5].

1. <http://www.985sports.ca/audioplayer.php?mp3=124011>
2. <http://www.cibl1015.com/nouvelles/-/pub/9HcT/content/1295029-quand-une-enseignante-se-vide-le-coeur?redirect=%2F>
3. <http://blogues.lapresse.ca/lagace/2012/02/12/cri-du-coeur-dune-prof-%C2%ABles-enfants-ne-savent-plus-ecouter-%C2%BB/>
4. <http://www.fm985.ca/audioplayer.php?mp3=124121>
5. <http://blogues.canoe.ca/mongrain/general/a-lemission-mardi-14-fevrier-2012/>

Bref, la publication de cette lettre a soulevé bien des passions, bien des opinions, la plupart étant hyper positives et favorables, certaines m'accusant de tout remettre sur le dos des parents et de me défiler de mon rôle d'enseignante.

J'ai décidé d'utiliser ce texte comme tremplin pour développer davantage ma pensée sur le sujet. Premièrement, il faut être conscient que tout le monde n'est pas visé par les propos de ce livre! Je sais très bien que de nombreux enfants souffrent, sont négligés, arrivent à l'école sous-stimulés, sous-alimentés, peu aimés et mon cœur saigne pour eux. Je ne m'adresse aucunement à leurs parents. Mon public cible est plutôt la classe favorisée, voire aisée, qui fait de ses enfants un projet de vie, qui les aime... trop et mal. Je pense aux petits princes et aux petites princesses que nous mettons au monde dans un nuage de poudre, que nous déposons dans un lit luxueux coûtant une petite fortune, que nous habillons de vêtements griffés... N'oubliez pas que la clientèle que je connais est celle des collèges privés, dont la masse est tout de même la classe moyenne, qui fait souvent beaucoup de sacrifices pour payer des études secondaires à leurs enfants. Même s'il s'y trouve aussi des enfants tristes ou malheureux, en manque d'attention et d'amour malgré les moyens financiers, même si de nombreux parents et enfants sont extraordinaires, équilibrés et merveilleux, j'ai constaté qu'à force de trop vouloir bien faire, on peut causer du tort. Par manque de rigueur et de discipline, à force de vouloir éviter de gronder l'enfant pour ne pas le rendre malheureux, pour ne pas lui faire de peine, à force d'éviter les conflits et la frustration, par désir de rendre la vie facile, on dirait qu'on est en train de manquer notre coup.

Mon livre s'adresse donc à tous ces parents merveilleux et fantastiques qui veulent bien faire, qui veulent tout ce qu'il y a de meilleur pour leur enfant. Je veux vous parler du point de vue d'une enseignante qui a la chance de voir à la première personne les résultats de l'éducation à la maison. C'est là que la théorie sur la vie en société se fait, mais c'est à l'école que la pratique se vit. Nous avons beau élever nos enfants avec des interventions dégoulinantes d'amour, de sollicitude et de bonne volonté, est-ce que ça fonctionne? Quels sont les effets? Quand on (sur) stimule l'estime de soi de notre enfant pour que celui-ci prenne sa place dans la société et ne se fasse pas marcher sur les pieds, est-ce qu'on réussit notre coup? Quand on écoute systémati-quement les doléances de notre enfant, va-t-on trop loin? Et lorsque notre enfant grandit et devient adolescent, est-il nor-mal qu'il nous envoie paître? Devrait-on l'excuser au nom des hormones qui le taraudent de toute part? Quand notre enfant se plaint de l'enseignant, doit-on le défendre sans poser de ques-tions? Et si ce n'est jamais notre enfant qui fait de l'intimidation, qui en fait? Comment se fait-il que le phénomène existe? Les enfants intimidateurs ont certainement des parents: quand sait-on si c'est nous?

Bref, je suis convaincue d'une chose: je ne détiens pas la vérité! Il se trouvera certainement des experts pour dire que je suis dans le champ, mais j'ai reçu suffisamment de commentaires positifs dans ma carrière en éducation et dans mon travail de mère pour croire que mes observations, faites sur le terrain, valent la peine d'être entendues. Mon but est de provoquer la réflexion et de faire en sorte qu'on apprenne de nos erreurs, qu'on continue de chérir nos enfants, mais en les aimant bien, à dose égale d'amour et de discipline. Surtout, nous devons éviter de tomber dans le piège d'aduler nos enfants, au risque de les voir adopter des comportements et des attitudes dignes de la royauté, ou encore de célèbres divas... et au risque de nous transformer en vulgaires serviteurs pour ces prima donna, pour ces princes et pour ces princesses qui, malgré leurs airs de supériorité autosuffisants, souffrent en silence et sont souvent bien malheureux, peut-être même honteux devant cette admiration démesurée, qu'ils ne croient pas mériter.

Je souhaite de tout cœur que des parents de jeunes enfants ainsi que de futurs parents lisent ce livre pour au moins faire des choix conscients et éclairés dans l'éducation de leurs enfants, et en ayant une vague idée des répercussions possibles à l'adolescence. En même temps, peut-être trouveront-ils quelques conseils pertinents, voire des outils qui leur permettront de se sortir de cet affreux sentiment qu'on éprouve tous à certains moments de ne pas savoir comment mettre fin à un comportement dérangeant de notre adorable chérubin. J'espère être en mesure d'offrir des solutions simples et efficaces afin d'outiller les parents, qui pourront ainsi véritablement contribuer à l'équilibre et au bonheur de leurs enfants, qui sont la richesse de la société.

L'événement instigateur de ce livre : texte paru dans le journal *La Presse*

Le texte qui suit est paru dans le journal *La Presse* du 11 février 2012. Puisque j'ai maintenant la possibilité de le faire, permettez-moi de préciser que si j'assume entièrement tout ce qui est écrit, le titre n'est pas de moi ! Celui que j'avais proposé était le suivant : *L'enseignement en 2012*. Je crois que ce n'était pas assez percutant et l'équipe de rédaction a préféré le modifier. Tout le reste est de moi. J'ajouterai que les exemples donnés sont réels, mais que tous les noms d'élèves sont fictifs. Si je me suis permis de donner ces exemples, c'est que je sais qu'ils ne sont pas propres à mes élèves. On peut retrouver des histoires semblables ou identiques dans la classe d'à côté, l'école d'à côté, la ville d'à côté... et même la province d'à côté. Je sais que certains de mes élèves se sont sentis offusqués par mon texte, et je m'en excuse. Ce n'était pas le but : le texte était destiné aux adultes. Je voulais mettre en lumière certains phénomènes de notre société et mobiliser les parents, dont je fais partie, en disant qu'il est temps de se remettre en question, de faire un bilan, d'ajuster nos interventions et de faire mieux. Voici le texte :

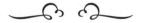

Dévalorisée, usée, écrasée

Ça y est, c'est arrivé. J'ai vieilli. De la pédagogue passionnée que j'étais, il en reste moins. C'est peut-être à cause de la tâche, qui a considérablement changé. Suis-je récalcitrante au changement? Cela ne m'a jamais définie, pourtant.

Septembre 2011 a marqué ma 20ᵉ rentrée scolaire au secondaire. Je réfléchis: ai-je donné ce que j'avais à donner en éducation? Les programmes, les contenus, les thèmes me semblent pourtant très intéressants et je suis toujours partante pour les nouveaux projets, les nouvelles activités. Pas de routine pour moi, je vous prie! Il faut que je sois passionnée pour que les élèves le sentent, le vivent et le deviennent un peu!

Mais voilà, c'est de plus en plus difficile de les impressionner. Il me semble que le gros de la tâche me retombe sur les épaules: je donne, ils reçoivent, ils s'emmerdent...

Ou alors, est-ce l'âge? Le leur ou le mien, ce petit 40 nouvellement amorcé? Déjà 19 ans d'expérience. Il en reste une mèche avant la retraite, je ne peux pas penser comme ça! Comment et quand suis-je devenue responsable de tout? La réussite absolue de tous mes élèves, leur bien-être émotif, psychologique, le fait qu'ils fassent (ou non) leurs devoirs... Ça semble toujours être de ma faute.

Je ne peux m'empêcher de compter les collègues qui sont tombés au combat depuis le début de l'année. De bons profs pourtant, des gens compétents. Sans connaître tout le personnel de mon école, j'arrive à près de 10% du personnel enseignant. C'est comme ça dans la plupart des écoles. Or, les semaines passent et je ne peux plus le cacher: je suis sur la même liste qu'eux. Le congé m'appelle de sa voix envoûtante, l'épuisement m'écrase chaque jour un peu plus, la dévalorisation m'use. J'ai mal au cœur, mal à la tête...

***

Tout le monde a des irritants. Ceux d'un prof?

Les élèves ne savent plus écouter. Les faire taire est maintenant un combat quotidien. On a beau essayer de combiner les stimuli en classe pour les aider à se concentrer (auditif, visuel, kinesthésique, les intelligences multiples, le travail d'équipe, la collaboration, la coopération et tutti quanti), ce n'est jamais assez. On a le tableau vert, le tableau interactif, le projecteur en classe, les haut-parleurs, on présente des extraits vidéo, des films, de la musique, on les emmène à l'audiovisuel pour faire un montage radio ou vidéo... Vous ne croiriez pas à quel point les profs se creusent la tête, habituellement avec plaisir, pour dénicher les activités les plus intéressantes et stimulantes qui soient! On s'essouffle quand même...

Nos jeunes sont convaincus que tout (je dis bien TOUT) ce qui leur passe par la tête est digne d'intérêt et doit être partagé illico. Ça presse! Vous connaissez Facebook? Twitter? Eh bien, c'est comme ça en classe - Je viens de me faire un sandwich! Je sors de la douche! Je viens de me gratter! J'ai un cheveu qui est tombé! -, sauf qu'ils disent chaque pensée, intéressante ou pas, sur-le-champ, à voix haute, que le prof soit au milieu d'une explication ou pas, qu'il y ait un examen ou pas. Bien loin de nous l'époque où on tournait la langue sept fois avant de prononcer un mot...

Nos ados croient que les profs sont des serviteurs (ou des nounous... ou des punching bags) à qui ils peuvent tout dire, n'importe comment. Ils peuvent nous insulter, nous injurier, nous intimider devant tout le monde. Vous savez pourquoi? Vous allez rire, je suis sûre. C'est parce qu'ils ont le droit de s'exprimer! C'est dans la constitution! La liberté d'expression, oui madame! La semaine dernière, une élève a réagi aux critères d'évaluation que j'annonçais en me criant en classe: «C'est chien, ça!» et d'en rajouter encore et encore, un autre d'ajouter «On veut un débat!», comme si c'était eux les spécialistes de l'éducation. Parfois, on reste bouche bée devant de telles interventions. C'est tellement malpoli, tellement inconcevable qu'on ne peut pas croire qu'on est en train de le vivre.

La déresponsabilisation. Toujours en 5ᵉ secondaire, reprise d'évaluation. Les élèves sont informés en classe: je leur donne la date. Peu le notent à l'agenda. Trois sur 13 se présentent. Politique de l'école: je dois informer les parents. Conséquence: appels de parents, courriels, négociations. «C'est pas la faute de ti-pou, il a oublié.» Oublié... Eh ben! L'autre m'accuse, dit que je ne l'ai pas informé. Des parents renchérissent: «Allez madame la prof, prouvez-nous que vous avez dit à Alex qu'il avait une reprise.» Prouvez-le!

Les récriminations, commentaires, insultes des parents... Il y a quelques jours, un parent m'a écrit que ma gestion n'était «pas forte», «pas brillante», que je «pénalisais les parents». Il a remis en question mon jugement professionnel (l'a-t-il fait aussi devant son enfant?). Et il m'a indiqué comment les profs devraient faire leur travail, comment l'école devrait gérer ses élèves. En théorie, on dit que l'éducation est essentielle, que c'est une des valeurs les plus importantes de notre société. En pratique, on dénigre l'institution et les enseignants. Un exemple parmi tant d'autres: les animateurs radio qui offrent quasiment leurs condoléances à un auditeur étudiant qui appelle pour un concours et dit qu'il s'en va à l'école («C'est pas drôle... bonne chance... les vacances s'en viennent...»). Soyons honnêtes: n'est-il pas sociale-

ment acceptable de penser (et de dire, avec un gros rire bien gras) que les enseignants ne sont que des paresseux qui sont toujours en vacances et qui se plaignent constamment ? J'exagère si peu...

***

On pourrait croire que je suis amère ou négative, mais ce n'est pas le cas, ou du moins, ce ne l'était pas. Par contre, je suis fatiguée du ressac constant. Je souffre d'un excès de zèle au travail et d'une pensée teintée de rose, je le reconnais maintenant, qui en a peut-être fait vomir plus d'un. J'ai défendu, aidé, protégé mes élèves en difficulté depuis le début de ma carrière pour les accompagner dans leur cheminement vers la réussite. Tout le monde est bon, ai-je longtemps cru. Or, voici que cela se retourne contre moi ; je ne l'avais pas vu venir. À être trop humaine, trop sympathique, trop tolérante, trop aidante, je suis en train de m'épuiser. On a abusé. Il est temps de penser à moi.

Chers parents, je vous en conjure, aimez vos enfants, mais aimez-les bien, à dose égale d'amour et de discipline. Trop d'amour et ils deviennent égocentriques, trop de discipline et ils s'écrasent. Encouragez-les, complimentez-les, mais avec réalisme afin qu'ils aient une vision juste d'eux-mêmes. Vous êtes leur miroir, ils se voient à travers vos yeux. Soyez honnêtes, aimants, justes.

Et si notre enfant fait une erreur, un oubli, un échec, laissons-le donc assumer, pour une fois, et arrêtons de surprotéger en attaquant le prof. Ça nous ferait du bien de travailler du même côté, pour éduquer nos jeunes, nos leaders de demain.

Ce sont eux qui s'occuperont de nous au CHSLD... Voulez-vous vraiment l'excuser à 16 ans, en pleine possession de ses moyens, d'avoir oublié une reprise d'évaluation ? Ce sera plus grave quand il oubliera *d'administrer une dose d'insuline à son patient, de resserrer les boulons de vos pneus, de tenir compte de toutes les déductions sur votre rapport d'impôt...*

Votre jeune deviendra le médecin, le mécanicien, le comptable de quelqu'un, un jour. Les détails sont importants, le respect, la reconnaissance de l'éducation et de la compétence de l'autre, l'autonomie et la responsabilité le sont aussi. Pensez-y [6]...

---

6. <http://www.lapresse.ca/debats/votre-opinion/201202/10/01-4494651-devalorisee-usee-ecrasee.php>

Chapitre 1

L'importance de la collaboration entre parents et enseignants

*Comment détruire le travail de l'enseignant
en quelques étapes faciles!*

> *Lorsque les pères s'habituent à laisser faire
> les enfants, lorsque les fils ne tiennent plus
> compte de leur parole, lorsque les maîtres
> tremblent devant leurs élèves et préfèrent
> les flatter, lorsque finalement les jeunes
> méprisent les lois parce qu'ils ne reconnaissent
> plus au-dessus d'eux l'autorité de rien et de
> personne, alors c'est là en toute beauté et en
> toute jeunesse le début de la tyrannie.*
>
> PLATON

Tranche de vie. J'enseigne à Benoit [7] pour une deuxième année consécutive. Il n'est pas très fort en français. Blond garçon au visage angélique, ma première impression de lui est bonne. Il suscite en moi un goût de l'aider à réussir. En classe, il se laisse facilement distraire et est lunatique. Je lui donne une place de choix pour l'aider à mieux se concentrer. Il semble doux, gentil. Le temps m'amène à croire qu'il part souvent en voyage dans sa tête pendant les consignes, alors qu'il a l'air de se concentrer et d'écouter. Peut-être un soupçon de trouble déficitaire de l'attention, je ne sais pas. Peut-être simplement un cerveau qui

---

7. À moins de précisions contraires dans le texte, tous les prénoms utilisés dans ce livre sont fictifs.

fonctionne moins bien dans les apprentissages théoriques, un garçon qui a besoin de travaux pratiques, manuels, comme tant d'autres.

4e secondaire. Il a vieilli et commence à décrocher: il est capable de réussir, mais ne travaille pas assez fort. Ça demande trop d'effort, c'est chiant, et surtout, pas *cool* de travailler. Après l'avoir bien observé, je le classerais dans le groupe des «suiveux». Il s'identifie aux «leaders-têtes-enflées» de sa classe: des garçons de 16 ans qui sont en train de découvrir le pouvoir de leur charisme et de leur leadership, mais qui pour l'instant, n'ont pas encore la capacité de mesurer les répercussions de leurs gestes. Ils ne sont pas toujours constructifs. Or, quand on leur parle, eux ont plus de jugement; Benoit en a beaucoup moins. Donc, il agit comme eux, mais ne comprend pas grand-chose quand on tente de lui expliquer pourquoi ce qu'il fait est inacceptable...

Revenons à Benoit. Il ne parle presque jamais, mais quand il le fait, il attaque de plus en plus avec des doses variables de venin ou de fiel. J'ai en tête un moment mémorable de ma carrière. Avec le groupe, je faisais une capsule stylistique et grammaticale dans laquelle je présentais des erreurs fréquentes ainsi que les corrections à apporter. Je venais d'expliquer qu'on ne doit pas écrire «si il», mais plutôt «s'il», comme dans «s'il vous plaît». Or, Benoit, qui échoue presque toutes les dictées, productions écrites et tests de grammaire, a argumenté avec énormément d'assurance que «si il» existait et qu'il n'avait pas fait d'erreur. Il était convaincu, n'entendait pas mes explications rationnelles et refusait d'admettre la possibilité d'une mauvaise compréhension d'une notion. Bataille de pouvoir inutile dans laquelle je parlais chinois et il parlait allemand. Qu'un jeune ne comprenne pas une notion du premier coup, qu'il pose des questions et ait besoin de plus d'explications ne m'a jamais ennuyée, mais arrive un moment où il faut démordre et accepter que l'adulte qui se tient devant le groupe est spécialiste de sa matière, quitte à retourner le voir en privé plus tard pour essayer encore une fois de mieux comprendre. Cet accrochage m'avait permis de connaître un peu mieux le garçon. J'ai discuté avec sa mère et nous avons fait une belle intervention avec Benoit; le dossier était clos.

Un second accrochage se tramait... Le temps a passé, durant lequel je me suis rendu compte que plusieurs garçons, dont Benoit fait partie, ont développé la fâcheuse habitude de faire des bruits de percussions avec un crayon. En soi, ce n'est qu'un détail. Par contre, cela finit par devenir de l'insubordination quand le jeune recommence toujours, deux jours plus tard, la semaine suivante, etc. J'ai averti Benoit à plusieurs reprises, jusqu'à ce que j'en aie assez et que je lui fasse une note au dossier. J'ai aussi envoyé un courriel aux parents pour les informer que la prochaine fois, il y aurait une sanction musclée. La réponse de la maison m'est arrivée le lendemain matin. Le père m'a écrit un courriel dans lequel il m'a informée que ce dont j'accuse Benoit *ne s'est jamais passé*. En effet, il m'a dit que son garçon lui a confirmé qu'il n'a pas fait de percussions avec son crayon.

... Eh ben! Assise à mon bureau, j'en ai échappé ma souris d'ordinateur, l'équivalent informatique d'être bouche bée.

Si on reprenait les faits...

• Benoit est en classe;

• Je suis en classe;

• Papa n'est pas en classe;

• J'enseigne à Benoit depuis deux ans;

• Pendant mes cours, Benoit fait des percussions à temps partiel depuis au moins un an;

• J'ai averti Benoit plusieurs fois en classe;

• J'entends bien, je vois bien et mon temps est précieux.

La question du jour: pourquoi papa a-t-il cru bon discréditer mon intervention au lieu de me soutenir? Qu'est-ce que ça lui aurait coûté de dire à Benoit: «Je n'étais pas en classe. Si ton enseignante prend le temps de t'avertir, de te faire une note au dossier, de nous envoyer un courriel pour quelque chose d'aussi banal que des percussions en classe, tu as dû lui tomber sur les nerfs royalement! Ça doit faire plusieurs fois qu'elle t'avertit, mon grand. Je ne veux pas recevoir un autre message de ce type, tu m'entends? Tu feras tes percussions ailleurs que dans tes cours!»

Dossier clos. Sans déployer tellement d'énergie, Benoit aurait compris que ses parents et son enseignante étaient de connivence et cela aurait coupé court au comportement dérangeant. Au lieu de cela, le père de Benoit a contribué à nourrir la facette arrogante de la personnalité de son fils. Sans en être conscient ou l'intellectualiser, qu'est-ce que Benoit a compris?

- Son père est plus fort que son enseignante;

- Son enseignante n'a pas de jugement;

- L'autorité est contestable;

- Ce n'est pas nécessaire d'assumer les conséquences de ses gestes quand papa est plus fort que l'enseignante;

- Il peut répliquer ce qu'il veut à l'enseignante: papa va le sauver.

Comment se comporte Benoit depuis l'événement? Il ne fait pratiquement plus de percussions; comme je n'ai plus à intervenir à ce niveau, le lien père-fils est intact et cela confirme bel et bien que je m'étais gourée la première fois, n'est-ce pas? Un petit brin de manipulation peut-être, mais Benoit le fait-il consciemment ou a-t-il appris, depuis qu'il est petit, à naviguer habilement pour éviter les réprimandes? Benoit s'adresse à moi avec condescendance; après tout, je ne suis qu'une femme sans jugement. Il n'assume aucun de ses gestes, commentaires ou ton arrogant. Il rétorque que les autres font la même chose, donc ce n'est pas grave, c'est normal. Socrate dirait que c'est une double faute, mais entre vous et moi, Benoit et Socrate... pas le même monde du tout! Benoit éprouve de la difficulté à développer un raisonnement rigoureux et structuré. Or, papa le soutient et lui dit qu'il a raison. Comment pouvons-nous, dès lors à l'école, enseigner des connaissances, compétences et valeurs complémentaires à ce qui est dispensé à la maison si nous n'avons pas l'appui des parents, si ceux-ci jugent et discréditent notre travail ?

Au risque de basculer dans une pente fatale, n'est-il pas raisonnable de tenir pour acquis que Benoit aura longtemps un problème avec l'autorité, qu'il aura de la difficulté à prendre ses responsabilités, que ses relations avec les femmes seront inégales ? À tout le moins, Benoit deviendra l'homme qui ne sera pas toujours respectueux, qui attaquera verbalement. Un client difficile à satisfaire.

Fiel, quand tu sors de ma bouche...

Me vient en tête un autre exemple du manque de collaboration. Il y a de cela plusieurs années, j'ai travaillé à titre de directrice. La journée de l'Halloween, nous avons décidé de permettre aux élèves de se déguiser. Puisque j'étais nouvelle dans cette école, l'équipe d'enseignants m'avait prévenue qu'il y avait eu des écarts de conduite dans le passé, notamment dans le choix de costumes inappropriés (trop sexy, trop violents) pour le contexte scolaire. Animée par une volonté inébranlable d'éviter le sable dans l'engrenage et, je l'avoue bien humblement, de faire mes preuves dans mon nouveau poste, j'avais assidûment fait la tournée des classes pour informer les élèves du code régissant les déguisements : pas de bretelles spaghetti, pas de décolletés, pas de nudité partielle, pas de symboles violents, pas d'armes, pas de masques (maquillage permis)... Le gros bon sens, quoi, quand il s'agit d'une fête *scolaire*. Le matin même, je m'étais plantée au pied de l'escalier avant le premier cours pour faire le tri. J'ai bien dû avertir quelques élèves... qui avaient prévu le coup. En effet, ils avaient apporté d'autres vêtements pour compléter leur déguisement, sachant que leur costume serait refusé... s'ils se faisaient prendre, bien sûr ! Somme toute, la matinée s'est bien déroulée et les enseignants semblaient rassurés. Moi aussi... Sur l'heure du midi, il y avait un concours de déguisements, durant lequel les élèves qui le souhaitaient déambulaient sur la scène à tour de rôle pour passer devant le jury, dont je faisais partie. Trois grands adolescents de la 4e ou 5e secondaire ont pris d'assaut la scène en superhéros... torses nus, faisant des poses pour qu'on admire leurs muscles. J'étais aux premières loges pour voir qu'ils avaient sciemment choisi de faire fi des règlements de la manière la plus contestataire qu'ils avaient pu concevoir. En effet, je les avais déjà avertis au début de la journée que leur tenue était inappropriée et ils avaient obéi sans rechigner en allant mettre un t-shirt...

Évidemment, je les ai convoqués à mon bureau et j'ai appliqué les sanctions prévues, dont l'une d'elles qui consistait à faire une réflexion guidée par quelques questions. Nous avons discuté et deux des trois garçons ont semblé comprendre pourquoi leur geste était inacceptable. Ils avouaient d'emblée qu'ils avaient sciemment choisi l'insubordination et ils acceptaient les répercussions. Le troisième garçon, Cédric, était plutôt frondeur : il me provoquait avec des propos tels que «Ben, on est beaux! Vous avez bien profité du spectacle, madame Quesnel, vous étiez en avant! Dites pas que vous avez pas aimé ça!» Bref, il éprouvait bien de la difficulté à faire la différence entre ce qui est acceptable dans un *party*, le samedi soir entre amis, et ce qui est convenable dans une école, de même que la façon appropriée de s'adresser à quelqu'un qui est dans un poste d'autorité.

D'ailleurs, c'est l'incapacité trop généralisée, chez nos jeunes, de faire la part des choses en ce qui a trait à la signification de leur choix de vêtements qui est à l'origine de la nouvelle tendance dans de nombreuses écoles secondaires d'imposer un code vestimentaire, que ce soit par le biais d'une collection complète de vêtements ou simplement d'un polo obligatoire. Les écoles privées ont une longue tradition dans cet aspect, mais les écoles publiques sont de plus en plus nombreuses à emboîter le pas, puisque le malaise des enseignants grandissait (particulièrement les enseignants masculins) devant les camisoles ultra serrées des filles, les ventres (et piercings…) exposés, les pantalons taille basse qui permettaient un franc coup d'œil sur le string, etc.

Bref, les trois garçons en question devaient me rapporter leur travail de réflexion signé par les parents le lendemain matin à la première heure. Évidemment, Cédric ne s'est pas plié à cette consigne : il brillait par son absence. Je suis donc allée le sortir de classe pour compléter l'intervention. Il m'a remis une enveloppe blanche avec un sourire narquois. Je me revois, assise à mon bureau alors que je prenais connaissance du contenu. Cédric n'avait pas fait sa réflexion, c'est sa mère qui m'avait écrit une longue lettre de deux pages ! En gros, elle me reprochait d'être prude et de ne pas apprécier la beauté du corps sublime de son fils… Croyez-moi, si j'éprouvais du plaisir à voir des corps d'adolescents à moitié nus, j'aurais d'autres problèmes autrement plus sérieux ! En fait, l'intervention a ici pris une lourdeur qui ne devrait pas exister dans le système scolaire. Il ne faut pas oublier que les décisions qui sont prises dans une école sont là pour assurer la sécurité, le confort et le bien commun de la masse. On n'est pas toujours d'accord, mais il faut comprendre que la direction a la responsabilité de tirer une ligne quelque part, de départager ce qui est acceptable de ce qui ne l'est pas. Déterminer les limites à l'intérieur de notre maison pour un ou deux enfants est autrement plus facile que de le faire pour 1200 élèves dans un contexte scolaire ! Forcément, tous ne peuvent être d'accord en même temps sur tous les règlements. Déjà, nous tentons de tenir compte du rythme d'apprentissage et des besoins particuliers de nos jeunes de façon individualisée, mais quand il s'agit d'une règle aussi bête que de déterminer ce qui est convenable dans le cadre d'une journée d'Halloween, alors là, on ne fait pas dans la dentelle. On y va avec le gros bon sens et ça doit s'arrêter là. Discussion close qui ne mérite pas de débat.

Malheureusement, la mère de Cédric a raté une belle occasion de faire comprendre à son fils qu'étaler son « magnifique corps » à l'école est inapproprié. Sur une plage, oui ; pour une campagne de publicité s'il devient modèle, tout à fait ! Peut-être que Cédric deviendra un mannequin célèbre et richissime. Je le lui souhaite. Or, qu'a-t-il appris à l'école, par une triste journée d'Halloween ?

- Ses besoins narcissiques sont plus importants que les règlements ;

- Sa mère est la plus grande admiratrice de son corps (suis-je la seule à trouver que ce n'est pas tout à fait adéquat ? Malaise…) ;

- Sa mère le trouve tellement beau qu'elle est fâchée contre la directrice, qui n'a pas bavé d'admiration devant lui ;

- Sa mère le défendra bec et ongles ;

- Les règlements sont stupides ;

- Les règlements, c'est pour les autres ;

- S'il fait une bêtise à l'école, il n'y aura pas de répercussion : sa mère fera le travail supplémentaire à sa place !

Il va de soi qu'à titre de parents, nous ne sommes pas toujours d'accord avec les règlements de l'école. Comment doit-on réagir ? Premièrement, prenons du recul en nous posant une question très importante : pourquoi l'école a-t-elle décidé d'instaurer cette règle ? Par expérience, je peux vous dire que les règlements naissent lorsqu'on observe des comportements inappropriés qui tendent à se généraliser. Par exemple, dans les années 90, les chaussures plates-formes étaient à la mode. Dans l'école où j'enseignais, les élèves avaient une collection de vêtements obligatoires, mais les chaussures relevaient d'un choix personnel, à quelques critères près (chaussures de ville, en cuir noir ou marine). À la longue, nous avons constaté que les foulures de chevilles et chutes s'étaient multipliées, particulièrement parmi les petites chouettes du premier cycle qui, vers 12 ou 13 ans, ont souvent encore un corps d'elfe. Or, leurs lourdes chaussures semblaient faire la moitié de leur poids! Ajoutez à cela la montagne de livres à traîner jusqu'au quatrième étage et vous avez les ingrédients propices aux accidents. Nous avons donc instauré un nouveau règlement, qui n'était pas nécessaire auparavant et auquel nous n'avions pas songé avant cette mode, interdisant les semelles de plus de dix centimètres à l'école, dans le but fort légitime de protéger les jeunes. Pourtant, si on recule un peu notre angle de vision et qu'on réfléchit davantage, qui prenait la décision d'acheter de telles chaussures? Ce sont les parents. Ceux-ci souhaitaient-ils que leur fille se blesse?

Bien sûr que non!

Mais étaient-ils en position de voir les répercussions possibles des semelles plates-formes dans l'école?

Bien sûr que non!

Il faut parfois accepter que notre position par rapport à une réalité ou un problème soit différente de celle de l'autre, qui a peut-être une vision privilégiée, plus stratégique. Retenons-nous donc d'émettre des jugements devant notre enfant avant d'avoir vérifié auprès de l'école, si on n'arrive vraiment pas à comprendre pourquoi le règlement en question existe. Lorsque nous critiquons ouvertement l'autorité, lorsque nous défaisons l'intervention de l'école, nous fragilisons le cadre de référence de l'enfant, nous faisons de lui un contestataire invétéré, dont le premier réflexe est souvent de trouver toute consigne, toute règle stupide, conne, pas d'allure... Je ne dis pas que le système est parfait et qu'il ne faille pas faire preuve de jugement critique, bien au contraire. Cependant, cela devient très insécurisant quand l'enfant apprend de ses parents qu'il est acceptable de déblatérer systématiquement contre l'école et de taxer d'imbécile tout règlement qui n'a pas été taillé sur mesure pour les besoins spécifiques de chaque individu...

Plusieurs années plus tôt, je me rappelle avoir reçu un couple dans mon bureau lors d'une rencontre de parents. La mère était arrivée plus tôt et s'était assise devant moi; nous discutions calmement. Quant au père, il est entré dans mon bureau quelques minutes après le début de l'entretien. Il était visiblement énervé et fâché à cause des résultats de son fils à un de mes examens. Il refusait de s'assoir. Debout devant moi, il tapait agressivement du doigt sur mon bureau, adoptant des comportements intimidateurs, pour me dire que les questions n'avaient pas d'allure, qu'il n'y comprenait rien malgré ses études universitaires, que ce n'était pas surprenant que son fils coule, bref, que mes attentes étaient irréalistes. En inspirant profondément pour me calmer et ne pas envenimer la situation (je sentais le stress grimper le long de ma colonne vertébrale et se nouer autour de mon estomac), je lui ai montré les exercices de préparation à l'examen ainsi que la méthode de travail enseignée, une méthode très séquentielle en quatre étapes faciles! Je savais très bien que son garçon refusait d'utiliser cette méthode de travail... parce que c'était trop long, selon lui. Il n'avait pas mis les chances de son côté pour réussir l'examen. J'ai fait la démonstration au père qui, en universitaire aguerri, n'a pu faire autrement que de comprendre, très rapidement de surcroît, puisque la méthode était d'une logique irréprochable, si je puis me permettre de le dire! La tension est redescendue, le père s'est assis et nous avons pu discuter de façon beaucoup plus constructive.

Or, l'inquiétude que nous, les enseignants, avons lorsque nous vivons de telles rencontres, c'est de nous demander si un père comme celui-ci a donné son opinion devant son enfant avant la rencontre, avant de vérifier pourquoi celui-ci avait vécu un si cuisant échec. Lorsque le père est sorti de mon bureau, il n'était plus du tout fâché contre moi: il en avait contre son fils, qui lui avait monté un bateau! Je crois fermement que pour mieux éduquer nos enfants, parents et enseignants doivent travailler ensemble, doivent vérifier ce qui s'est vraiment passé avant de porter un jugement. Les adultes doivent agir comme des adultes et surveiller leurs propos, faire preuve d'un peu de retenue devant leurs enfants, au risque de les voir se transformer en critiques acerbes !

Attitudes qui nuisent au travail de l'enseignant :
prendre systématiquement la part de l'enfant et confronter, insulter, intimider l'enseignant ou encore invalider
son intervention.

Façon malhabile d'aimer son enfant :
croire tout ce qu'il dit, accepter que sa version est toujours vraie, refuser d'entrevoir la possibilité que le chérubin docile qui vit sous notre toit se transforme parfois en petit être arrogant lorsqu'il est parmi sa tribu adolescente, loin de notre regard aimant.

Chapitre 2

La naissance de bébé : le miracle de la vie

Comment composer avec la royauté...

> *Vivre la naissance d'un enfant est notre chance la plus accessible de saisir le sens du mot miracle.*
>
> Paul CARVEL

Et si on retournait au début, avant que ne s'installe l'adolescence... Bébé vient au monde. On l'a rêvé, espéré, désiré, souhaité, attendu, idéalisé. On a travaillé pendant des mois à lui préparer un petit nid d'amour. Rien n'a été laissé au hasard. Sa chambre est un havre de paix et de bonheur, un cocon douillet, chaleureux, fonctionnel, beau, parfait. Rien ne manque. Les couleurs sont parfaitement coordonnées, du mur au plafond, de la douillette aux rideaux. Les pyjamas sont accrochés dans la penderie en ordre de grandeur et de couleur. La table à langer est munie de couches (jetables et en coton – souci de l'environnement oblige), de crème, de poudre, de savon doux, de mini-débarbouillettes, serviettes à capuchon, sucettes, attache-sucettes, biberons, pompe pour le lait maternel, mini coupe-ongles, couvertures, mini-ci, mini-ça... Un peu partout dans la maison sont dispersés des bouquins qui, sans se substituer à un mode d'emploi, nous expliquent tout et son contraire sur l'accueil de bébé et les soins à lui prodiguer. C'est le projet d'une vie et on ne doit manquer d'absolument rien ! Il nous faut tous les accessoires disponibles sur le marché. Les poupons de notre époque, dans notre culture, sont accueillis comme de la royauté, rien de moins. Le monstre de la publicité l'a compris. Il a créé des désirs de toutes pièces pour mieux les transformer en besoins... La liste d'objets «essentiels» pour accueillir bébé ne cesse de s'allonger et les coûts, de grimper.

Pour différentes raisons, on n'a souvent qu'un seul enfant maintenant, parfois deux, rarement plus de trois. On est émerveillé devant le miracle de la vie, éberlué d'avoir été capable de produire ce chef-d'œuvre... et avec raison! Dans des conditions le moindrement idéales, donner naissance et accueillir notre bébé est un des moments grandioses de notre vie. Cette petite vie qui nous est confiée est un cadeau sublime. On est abasourdi, sans mots, comblés, heureux... On voudrait parfois prendre un cliché de notre vie, à ce moment-là, et y rester pour toujours. Dès sa naissance, on s'empresse de comptabiliser notre bébé: dix doigts, dix orteils... Le compte est bon: la perfection vient d'entrer dans nos vies.

... De même que l'esclavage, si on n'y prend garde.

Dites-moi, si vous pouviez entrer dans le magasin de votre choix pour acheter l'objet de vos rêves (guitare, souliers, voiture, moto, vêtements, téléviseur, portable...) et que vous n'aviez aucune contrainte budgétaire, que choisiriez-vous? La réponse va de soi: le meilleur! Le plus beau, plus performant, plus confortable, unique... *THE BEST*, rien de moins.

Maintenant, dans la vraie vie et pour le commun des mortels, quelles sont les chances que cela se produise vraiment? Pas si élevées que ça, malheureusement. Cependant, vous achèterez quand même une guitare, des souliers, une voiture, une moto, des vêtements, un téléviseur, un portable... mais selon vos moyens, selon votre budget. Parfois, vous allez obtenir un excellent rapport qualité-prix, parfois vous allez écoper d'un truc moins performant, en deçà de vos attentes. Vous allez quand même sortir ce qu'il y a de mieux de votre achat et obtenir une certaine satisfaction.

Quand nous décidons d'avoir un enfant (souvent un seul, comme je le disais plus tôt), nous voulons avoir *THE BEST*, c'est évident. Tous nos espoirs, tous nos rêves, toutes nos aspirations sont incarnés par ce poupon. On VEUT qu'il soit extraordinaire et sublime, et il l'est... à nos yeux. Quand il fait son premier sourire, qu'il prononce son premier mot, qu'il fait ses premiers pas... C'est un miracle! Bébé est un génie! On l'a accueilli dans ce monde, certes bien joli, bien charmant, mais un peu gluant, il faut le dire! D'une petite masse douce sentant bon la poudre de bébé, il a pris de la vigueur et ô surprise! il venait avec une personnalité! Certains chérubins affichent leurs couleurs plus tôt que d'autres: douceur, sourire... pleurs, coliques... oiseau de nuit, nounours endormi... Pour paraphraser Forrest Gump[8], «La vie, c'est comme une boîte de chocolats; on sait jamais sur quoi on va tomber...»

La bonne nouvelle, pour rester dans l'allégorie de la boîte de chocolats, c'est qu'on *sait* qu'on a choisi du chocolat. C'est un bon début. On aime le chocolat. On veut du chocolat.

N'étant ni psychologue, ni médecin, je ne m'aventurerai certainement pas à donner des conseils ni pour un accouchement en cinq étapes faciles, ni en puériculture. Mon seul intérêt est de

---

8. *Forrest Gump*, film de Robert Zemeckis mettant en vedette Tom Hanks (1994).

réfléchir aux gestes que l'on pose auprès de notre enfant, dès son plus jeune âge, ainsi qu'aux répercussions que ceux-ci auront sur notre société lorsque le jeune échouera sur les bancs de la classe.

L'enfant est un petit être bien imparfait, le mammifère qui est dépendant de ses parents pendant la plus longue période de temps... dans notre société, parfois même jusqu'à 30 ans, n'est-ce pas? Il faut accepter que créer une vie vient avec de grands devoirs et responsabilités.

J'ai souvenir d'avoir vu passer une offre d'emploi ludique présentée à peu près comme ceci :

CONDITIONS DE TRAVAIL

Disponibilité : 7 jours sur 7, 24 heures par jour pendant au moins 18 ans.
Rémunération : rien en dollars. Parfois des mots doux, des câlins. Veuillez noter que la paie est irrégulière et qu'elle peut être interrompue pendant quelques années définies sous la clause « adolescence ».

Environnement : variable.

Compétences requises : résolution de problèmes, sens des responsabilités, leadership inspirant et mobilisateur, organisation et gestion d'activités, capacité à s'adapter aux changements fréquents et imprévisibles, capacité à fournir un rendement optimal avec un minimum de sommeil, cerveau multitâches essentiel, permis de conduire valide, connaissances en alimentation, habiletés à faire la cuisine, aptitudes en sciences infirmières (pour les bobos) un plus, connaissances de base en psychologie, qualités en improvisation, bricolage et sport un atout.

Tâches : infinies. Se définissent plutôt dans la section « et toutes autres tâches connexes ». Prévoir une augmentation régulière des tâches au fil des années.

Vacances : non.

Fonds de pension : non.

Assurance salaire : non.

Valorisation et validation : très possible, peuvent atteindre des sommets inégalés, mais pas garanties. Peuvent prendre de 25 à 30 ans avant d'être tangibles, parfois plus.

Il n'y a rien comme devenir parents pour apprendre à se connaître dans tous les recoins de notre personnalité. Nous prenons conscience de nos plus grandes forces, de nos plus belles qualités, de nos tristes limites, de nos pires défauts. Nous découvrons notre résilience, notre capacité à survivre aux émotions souvent en montagnes russes qui accompagnent la venue de notre enfant. Nous nous émerveillons un peu, beaucoup... parfois trop, si on n'y prend garde. Ça fait partie de nos tâches connexes d'encourager, de stimuler, de complimenter notre enfant. Ce faisant, nous contribuons à bâtir son estime de soi et sa confiance ; c'est d'ailleurs très à la mode, l'estime de soi, très in. Il est beau, il est bon, il est fort ! Le jeu fait partie de l'enfance et il est normal de caricaturer ou d'exagérer un peu. On donne des exemples, on compare, on image nos propos, ce qui permet au petit de mieux comprendre.

Comme nous faisons partie d'une génération qui prend le temps de prendre du temps avec ses enfants, nous déposons énormément de bons de valorisation dans le compte épargne de nos jeunes. On les encourage, on est là pour eux, intensément, et c'est tant mieux. Ils ne pourront pas nous reprocher d'avoir été absents... Or, comme on le dit si bien, un c'est bon, deux c'est mieux... trois, quatre, cinq... c'est parfois trop. On bascule dans l'indigestion, la distorsion, la fiction. Nous avons l'énorme responsabilité, en tant que parents, de donner l'heure juste à nos enfants. Ce que nous leur inculquons devient leur réalité, leur schème de valeurs, leur normalité. Tant qu'ils ne visitent pas d'autres familles et qu'ils ne développent pas une certaine distance par rapport à nous, notre parole est d'or. Elle est plus puissante que n'importe quoi.

Nous préparons un dessert. Sans sucre, c'est triste, amer. On édulcore. Ça stimule les sens, c'est bon. On en veut encore. On ajoute du miel : encore meilleur, délicieux ! Un peu plus serait mieux ? On en ajoute encore, encore, encore... Mal au cœur. Trop, c'est trop.

Quand on dépose de la valorisation dans le compte estime de soi, il faut savoir s'arrêter et ne pas perdre la réalité de vue. C'est impossible que nous soyons tous parents de génies et de prodiges, statistiquement impossible ! Le dessin de William est beau, bravo, mais ce n'est pas Degas, tout de même ! Léa chante juste, ce n'est pas Céline pour autant ! Gabriel a fait trois buts pendant la saison, pas de raison de lui dire qu'il est déjà meilleur que Gretzky !

Façon malhabile d'aimer son enfant :

*lui faire croire qu'il est plus, mieux, meilleur que tout, que
tous. Encourager, stimuler, féliciter : oui, absolument, quand
l'enfant le mérite, à la hauteur de ses accomplissements. Lui
dire systématiquement qu'il est génial quand il est moyen : non.
Donnons l'heure juste, peignons un portrait fidèle avec amour
et sollicitude. Soyons un miroir honnête, pas un miroir de cirque
déformant. La très grande majorité d'entre nous est moyenne ;
c'est normal ! Un brin d'humilité est très sain à cette époque où
tout le monde peut devenir une vedette de téléréalité !*

Chapitre 3

Quand le restaurant devient un terrain de jeu

Les « Ti-Pou » et la banquette!

Le 14 février. C'est la St-Valentin et nous faisons une sortie familiale au restaurant. Rien de très élaboré, un petit restaurant convivial, sans prétention. Or... c'est tout de même la St-Valentin! Nous nous y sommes rendus tout de suite après l'école, donc ce sera un souper quand même tôt, vers 17 h 30. Plusieurs petites familles ont eu la même idée; les couples arriveront un peu plus tard ou choisiront un endroit plus romantique. Mes filles ont alors 14 et 16 ans: elles sont au cœur de l'adolescence, mais somme toute bien agréables!

Nous avons commandé notre repas et profitons de l'occasion créée par cette fête un brin commerciale (!) pour nous brancher, profiter de notre petit cocon familial pour resserrer nos liens. Nous sommes heureux ensemble, mais le rythme de vie du XXIe siècle étant ce qu'il est, il est bon de nous forcer à nous arrêter pour véritablement renouer. Dans le restaurant, rien de bien extraordinaire ne se passe, si ce n'est du bruit de fond des clients qui jasent, discutent. Puis un petit cri se fait entendre. Un autre, plus strident. Des éclats de rire, des petits pieds qui courent... L'agitation monte, le volume aussi... « Attrape-moi! Attrape-moi!» Je fronce un peu les sourcils et regarde autour: deux enfants courent dans le restaurant. Les parents, bien assis, réagissent éventuellement à l'occasion. « Jess, arrête de courir. » « Léa, viens t'asseoir. » « Les enfants, c'est la dernière fois qu'on le dit... » La dernière fois... Pas tout à fait! Je crois que les enfants ont compris ceci: « C'est la dernière fois qu'on vous *dit* de vous asseoir. Ne vous inquiétez pas, on ne le *dira* plus! Continuez à courir, mes amours... On vous aime! Bisous!»

À notre table, nos filles nous racontent leur journée.

«Jess... Léa... arrêtez de crier.»

L'étape vient de se terminer à l'école. Nos filles nous parlent des derniers examens qu'elles ont faits: elles sont vraiment soulagées que ce soit terminé!

«Les enfants... le monsieur va se fâcher. Attendez pas qu'il vous le dise...» (Le monsieur, c'est le serveur de 19 ans, qui n'a pas encore d'enfants et qui travaille au salaire minimum en se disant qu'il aimerait beaucoup plus être avec sa copine que de faire du slalom entre Jess et Léa...)

Nos filles nous racontent des petites anecdotes, parlent de leurs amis, d'un film qu'elles veulent voir, du cours qu'elles veulent suivre, de l'activité qu'elles veulent essayer...

«C'est la dernière fois qu'on vous le dit... vous vous *assisez* tout de suite *ou bedon* on s'en va...» «Ouinnnnnnn!», ajoute leur 3ᵉ enfant, le bambin de deux ans, qui souhaite certainement contribuer à la cacophonie. Leurs plats arrivent (enfin!) et les enfants doivent prendre place. Je me retourne franchement pour observer cette petite famille, pourtant tout à fait banale, il faut le dire. Un couple bien ordinaire, plaisant à l'œil si ce n'est qu'ayant l'air un peu fatigué, ce qui se comprend bien: ils ont trois enfants de moins de cinq ans... Je me rappelle m'être retrouvée dans une situation similaire: mes filles ont 17 mois de différence et mon mari a une fille qui a cinq ans de plus que ma plus vieille. Ça prend de l'énergie...

À leur arrivée, l'hôtesse du restaurant leur a donné une banquette, ce qui est absolument génial quand on a des enfants. Or, les parents ont fait une erreur de pilotage: ils se sont assis au fond, près du mur... Les enfants étant alors sur le bord de l'allée et, n'ayant visiblement aucune restriction, le restaurant est devenu leur terrain de jeu! Ouiiiiiiiiiiiiiiiiiiiiiiiiiiiiiiiiiiiiiii!!! Bon appétit, tout le monde!

Nous vivons à une époque où le plaisir et les loisirs sont importants. Tout bouge vite, on veut être partout, ne rien manquer. C'est louable. Évidemment, il n'y a pas une seule façon de faire; bien des couples réussissent à ne rien changer à leur rythme de vie (ou si peu…) lorsqu'arrivent les enfants. Il est possible que ça fonctionne, mais attention. Se payer la traite en allant au restaurant avec nos enfants ne doit pas devenir une nuisance publique pour les autres clients du resto, ni devenir un sport extrême pour les valeureux serveurs qui doivent éviter d'échapper de la soupe brûlante sur la tête des petits chérubins qui courent partout!

Premièrement, la banquette. Pensons-y un peu, c'est comme une forteresse, un cul-de-sac naturel. Les enfants s'assoient dans le fond, près du mur! Ainsi, les parents, sans exercer quelque effort que ce soit, s'érigent en obstacles naturels pour éviter que les enfants ne s'échappent. Bien sûr, les petits pourraient se glisser sous la table pour sortir, mais à ce moment-là, la main à la fois aimante et ferme de papa ou de maman retiendra le petit amour et l'aidera à reprendre sa place sur la banquette. L'un des deux parents aura même songé à apporter quelques jouets créatifs et en sortira un à ce moment-là pour occuper le petit esprit fébrile, les petites mains impatientes. Chaque fois que je suis allée au restaurant avec mes enfants, j'avais, dans le sac de couches, au moins trois activités prévues :

1. Des feuilles, un cahier à dessin et des crayons de cire ;

2. Une petite valise remplie de figurines (princesses, animaux, dragons...) ;

3. Deux petits pots de pâte à modeler qui ne s'égrène pas.

Certains diront que c'est vieux jeu : aujourd'hui, on n'a qu'à apporter le DS et le tour est joué... D'autres ajouteront que même le DS est bien trop de trouble : ils ont téléchargé des jeux vidéo sur leur téléphone portable. Leurs enfants sont muets à la table, obnubilés par les images et le jeu rapide. Ils ne dérangent personne dans le resto : ils sont eux-mêmes des figurines sur leur chaise, hypnotisés, paralysés, dans leur bulle où nul ne peut les atteindre, aucun stimulus humain.

Je vous répondrai ceci : attention ! On s'en reparle. Continuez de lire...

Chapitre 4

Élever nos enfants... même quand il y a de la visite!

Tarzan, Alegria, King-Kong, l'avion et le train

> *ANARCHIE: Désordre résultant d'une absence ou d'une carence d'autorité. Confusion due à l'absence de règles ou d'ordres précis.*
> Dictionnaire *Le Robert*

Reconstitution fictive inspirée de divers événements que j'ai vécus. J'ai une amie que j'appellerai Suzie, maman de deux enfants: Victor (6 ans) et Émilie (4 ans). Je suis en visite chez elle. Nous jasons de tout et de rien.

Extrait de notre conversation:

SUZIE: ... donc, comme je te disais, pendant le congé des Fêtes, on est allé voir le Cirque du Soleil. Ça faisait longtemps qu'on voulait y aller. On aurait préféré voir un des nouveaux spectacles, mais ils ont refait *Alegria*. Les enfants ont tellement écouté le CD, on s'est dit que ce serait le fun de les initier à ce genre d'événement.

ANNE-MARIE: C'était présenté où?

SUZIE: Au centre Bell.

ANNE-MARIE: Ah oui? C'était comment?

SUZIE: Ben... correct, mais on était assis tellement haut qu'on voyait les acrobates par-dessus. Disons que ça enlève un peu de charme quand tu vois les câbles et les rouages!

ANNE-MARIE: Les enfants ont aimé ça?

SUZIE: Pas pire. Ils sont peut-être jeunes, je sais pas. Émilie a pleuré un peu. Victor m'a traînée aux toilettes quatre fois. Mais je pense que c'était bien, hein, Émilie? As-tu aimé ça, *Alegria*?

Conversation bien banale qui ne dure que quelques minutes, vrai? Oh que non! Ajoutons les interruptions (ou didascalies)...

SUZIE: ... donc, comme je te disais, **(Victor court dans le salon, les bras ouverts en croix en faisant le bruit d'un avion: vvvvv...)** pendant le congé des Fêtes, on est allé voir le Cirque du Soleil. **(Émilie hurle: «Arrête! Tu m'énerves!» Suzie ignore les enfants et continue).** Ça faisait longtemps qu'on voulait y aller. On aurait préféré voir un des nouveaux spectacles, **(Émilie s'approche et tape sur la cuisse de sa mère avec insistance: «Maman, dis-lui d'arrêter! Il me fait mal aux oreilles!» Suzie dit: «Ben non, ma chouette, c'est pas grave. Il fait l'avion! Tu devrais faire le train, toi! Tu sais comme tu es bonne pour dire tchou! tchou! Allez, vas-y: tchou! tchou!» Suzie chatouille un peu sa fille, qui geigne, puis elle continue son histoire),** mais ils ont refait *Alegria*. Les enfants ont tellement écouté le CD, on s'est dit que ce serait le fun de les initier à ce genre d'événement. **(Perché sur le divan, Victor s'est transformé en Tarzan, dont il imite le cri en se frappant la poitrine de ses petits poings: «Aaa-a-a-a-aaaaaaa, a-a-a-aaaaa!»)**

ANNE-MARIE : C'était présenté où ? (**Émilie : « Moi, j'haïs Tarzan. Je suis une princesse ! Maman, je veux du jus... »**)

SUZIE : Au centre Bell. (**Émilie : « Maman, je veux du jus... »**)

ANNE-MARIE : Ah oui ? (**Émilie : « Maman ! Maaamannn ! » Elle tape sur la cuisse de sa mère avec insistance.**) C'était comment ?

SUZIE : (**À Émilie : « Chut ! Maman parle... »**) Ben... correct, mais on était assis tellement haut qu'on voyait les acrobates par-dessus. Disons que ça enlève un peu de charme quand tu vois les câbles et les rouages ! (**Victor s'est transformé en King-Kong : il grogne et jette tout ce qu'il peut par terre... Suzie l'ignore.**)

ANNE-MARIE : Les enfants ont aimé ça ?

SUZIE : Pas pire. (**Émilie : « Maman... Maman... Maman... Maman... Maman... » Elle est grimpée sur le fauteuil, derrière sa mère, et saute dans son dos en scandant sa litanie.**) Ils sont peut-être jeunes, je sais pas. (**Victor lance la poupée de sa sœur, qui reçoit le jouet derrière la tête. Elle se met à hurler.**) Émilie a pleuré un peu. Victor m'a traînée aux toilettes quatre fois. Mais je pense que c'était bien, hein, Émilie ? As-tu aimé ça, *Alegria* ?

Quant à moi, je sors de là épuisée et ébaubie ! Vous allez dire que j'exagère... Si peu ! Pensez-y : ne connaissez-vous pas de ces parents, amis, famille, connaissances, qui ont autant de rigueur et de discipline qu'un tapis de douche ? Suzie, je l'adore. C'est une bonne fille, presque trop bonne, qui adore ses enfants et qui veut leur bonheur à tout prix... Même au prix de son propre équilibre, à ce que je peux voir !

À mon humble avis, elle aime mal ses enfants.

En effet, en ne leur imposant aucune balise, ses enfants n'écoutent que leurs désirs, leur idée du moment, qui se transforme en besoin déraisonnable devant être assouvi sur-le-champ. Ils n'apprennent pas à maîtriser le feu qui naît dans le ventre de tous les humains face à nos besoins, à nos irritants ainsi qu'aux obstacles et aux difficultés. Le feu les consume, ils paniquent, hurlent, ont des comportements, des gestes et des mots violents. Qui disait que l'humain est une petite bête sauvage qu'il faut dompter ? N'est-ce pas la vérité ? N'est-ce pas ce qui fait de nous une race civilisée ? Cela passe par le contrôle, la maîtrise de nos désirs, de nos besoins, de nos élans, de nos pensées.

Projetons-nous dans le temps. Comment réagiront Victor et Émilie lorsque, dans un contexte de groupe, par exemple en classe, ils ne pourront plus exprimer illico leur moindre besoin, quand ils devront réfléchir, attendre leur tour, laisser de la place aux autres... Quand ils seront entourés de petits Victor et de petites Émilie qui, habitués à être le centre de l'univers de leurs parents, entreront en compétition avec d'autres centres de l'univers... Big Bang ! Quand une enseignante ou un enseignant soucieux de l'équité, de la justice, de l'harmonie les remettra à leur place, leur demandera de se taire, les obligera à laisser passer quelqu'un... Imaginons déjà le feu de la colère s'embraser et transformer leur hôte en monstre incontrôlable. Les Victor et Émilie de ce monde se sentiront brimés, insultés, enragés, humiliés... Au nom de quel droit cette espèce de serviteur de la fonction publique du monde de l'éducation se permet-il de ramener à l'ordre quelqu'un comme Victor, comme Émilie, qui, rappelons-le bien, ne sont rien de moins que de la royauté...

Exit la hiérarchie, l'autorité, le respect, l'ordre ; bienvenue l'anarchie, ce concept qui fait jouir les individualistes, les nombrilistes, les égocentriques, mais qui empoisonne la démocratie et la civilité.

Dans l'exemple de conversation illustré dans ce chapitre, plusieurs possibilités d'intervention s'offraient pourtant à Suzie. Idéalement, une seule aurait été nécessaire, mais admettons que ce ne soit pas le cas : on ne réussit pas toujours du premier coup. Voici donc des suggestions pour des arrêts d'agir aux diverses étapes de la conversation :

- Au bruit de l'avion, Suzie aurait pu dire à Victor de baisser le volume, et à Émilie qu'il n'est pas approprié de crier sans raison, ni de parler de cette façon à son frère ;

- Elle aurait pu dire à Anne-Marie : « Excuse-moi un petit moment. Je dois parler à Victor. » Ensuite, elle aurait pu prendre son fils à l'écart, se placer à la hauteur de l'enfant pour que l'intervention se fasse yeux dans les yeux (soit en s'agenouillant, soit en assoyant Victor sur la table ou sur le comptoir), et lui dire clairement qu'il ne doit pas interrompre la conversation à moins d'une urgence. Quand il y a de la visite, on choisit des jeux calmes ;

- Suzie n'aurait pas dû inciter Émilie à participer à la cacophonie en imitant le bruit du train. Au contraire, c'est à Victor qu'elle aurait dû dire que dans un contexte où on a de la visite, ses cris de King-Kong puis de Tarzan n'avaient pas leur place ;

- Face à Émilie qui sollicite du jus, puis qui répète « Maman-maman-maman-maman... », Suzie aurait pu s'excuser de la conversation avec Anne-Marie, donner son attention momentanément à Émilie pour lui dire que ce qu'elle fait est impoli et que la petite doit attendre la fin de la conversation pour faire sa demande ;

- Quand Victor se met à lancer des objets, Suzie doit immédiatement faire un arrêt d'agir auprès de son fils, dont le comportement est inacceptable en tout temps, qu'il y ait de la visite ou pas ! Elle aurait pu soit se retirer dans une pièce adjacente, soit faire son intervention devant Anne-Marie pour dire à son fils sur un ton sans équivoque qu'il doit
immédiatement cesser de lancer des objets.

Bref, à mon avis, assumer notre rôle de parents se fait en tout temps, qu'il y ait de la visite ou pas. Après ses interventions, Suzie aurait pu m'expliquer, par exemple, que ses enfants sont dans une passe où ils se chamaillent et interrompent les conversations, et qu'elle est en train de leur inculquer des notions de politesse. J'aurais appuyé mon amie dans sa démarche. Les enfants doivent être guidés dans leurs apprentissages sociaux : il est normal qu'ils soient imparfaits, qu'ils essaient des choses, qu'ils n'agissent pas spontanément de manière impeccable, selon ce que le contexte dicte. Je n'en ai donc pas contre le fait qu'ils tentent des comportements inappropriés, j'en ai contre le fait que Suzie ne réagisse pas ! Parfois, être un père ou une mère implique qu'on prenne brièvement congé d'un échange ou d'une rencontre pour faire notre *job* en direct. C'est d'ailleurs ce qui est le plus probant : on agit au moment le plus pertinent pour maximiser l'efficacité de notre geste. Généralement, les adultes présents apprécient que des parents interrompent eux-mêmes la conversation pour faire un peu de gestion familiale. Et si ce n'est pas le cas, tant pis pour eux. Ayons la satisfaction de faire notre travail. C'est toute la société qui en tirera profit !

Façon malhabile d'aimer son enfant :
lui permettre de ne pas tenir compte du contexte social,
d'interrompre les conversations quand il n'y a pas d'urgence.
Ne pas lui montrer à attendre son tour.

Chapitre 5

La valeur des cadeaux « empoisonnés »

Blasé, blasé, blasé...

> *C'était plus facile dans notre temps, parce que nous n'avions rien. [...] C'était plus simple parce que comme nous n'avions rien, nous étions devant tout et comme nos enfants ont tout, ils se retrouvent devant rien.*
>
> Yvon DESCHAMPS

J'ai grandi avec Yvon Deschamps. Toute petite, chaque fois que je débarquais chez ma grand-mère Cadieux, je sautais sur le disque *Le bonheur et l'argent*, que j'écoutais en boucle. La pochette grise et rigide du 33 tours avait une odeur particulière, puisque le long-jeu avait été sauvé des décombres d'un feu. En effet, par un obscur mois de décembre des années 1970, quelques jours avant Noël, la maison de mes grands-parents s'embrasait. Aucun blessé, aucun mort, mais une mise à jour des valeurs familiales. On m'a dit que la Barbie de *Wonder Woman* que j'avais tant désirée avait fondu sous l'arbre. Je me rappelle avoir vécu un brin de tristesse, mais j'étais beaucoup plus préoccupée par mes grands-parents, ma grand-mère surtout, qui avait les yeux tellement tristes au lendemain de l'événement, bouffis par les larmes de toute une nuit. Entendre des monologues sur le bonheur et l'argent par le biais de ce disque à l'odeur persistante de feu prenait une tout autre signification. Déjà, je me disais qu'il avait donc raison, ce monsieur Deschamps! En plus d'être drôle, il était intelligent! Même si je n'ai jamais eu la fameuse

Barbie de *Wonder Woman*, mes grands-parents étaient sains et saufs. On n'avait pas assez d'argent à ce moment-là, je suppose, pour m'acheter une autre Barbie, mais notre bonheur était intact. C'est drôle : je pense encore à ce jouet, une trentaine d'années plus tard, et je me dis que c'est une belle leçon de vie, même si ma famille n'avait certainement pas anticipé les conséquences de ce cadeau fantôme. « C'est important le bonheur, parce que si t'as pas le bonheur, t'es pas heureux ! » (Yvon Deschamps)

Quelques années plus tard, j'ai enfin eu le bonheur d'aller voir Yvon Deschamps en spectacle à la Place des Arts, quand j'avais 12 ans, avec des amis de mes parents. Ironiquement, c'est encore le feu qui a lié mon destin à celui de cet humoriste. En effet, ma grand-mère Quesnel, cette fois-ci, agissait à titre d'accompagnatrice pour des voyages d'autobus organisés par la compagnie de mon père. Elle revenait de Floride avec son groupe quand le drame a frappé : elle a été gravement brûlée dans une explosion due à une fuite de gaz naturel dans un hôtel. Douleur, peine, tristesse, peur de perdre grand-maman... toute une gamme d'émotions horribles dans ma famille. Mes parents sont allés la trouver à l'hôpital en Pennsylvanie, où elle est restée pendant un mois. C'est pour cette raison que ce sont les amis de mes parents qui m'ont emmenée voir le spectacle, petit brin de normalité dans le chaos lors de cette soirée magique à la Place des Arts, où la détente et les rires incontrôlables, à en avoir des crampes dans le ventre, étaient au rendez-vous ! Je me rappelle encore de son fameux « *boat* à wouèle » ! Je trouvais monsieur Deschamps toujours aussi intelligent et de plus en plus drôle, même si je ne comprenais pas toutes les inférences dans ses textes.

Flash forward en 1992-1993, ma première année d'enseignement. L'année du monologue *Les adolescents*. C'est un classique pour tous les adultes qui côtoient des ados. Comme toujours, Deschamps nous fait rire en grossissant les traits, mais surtout en nous montrant nos travers et nos incohérences. À mon sens, cette citation drôle maquille une évidence triste : « C'était plus facile dans notre temps, parce que nous n'avions rien. [...] C'était plus simple parce que comme nous n'avions rien, nous étions devant tout et comme nos enfants ont tout, ils se retrouvent devant rien.»

Deschamps et moi ne sommes pas de la même génération. Il est né en 1935 et moi, en 1971. Il avait encore plus «rien» que moi, c'est évident! Or, nous devons le constater, les parents ont toujours voulu offrir ce qu'il y a de mieux à leur progéniture. Nous voulons qu'ils soient plus heureux que nous, qu'ils ne manquent de rien. Ce constat est d'ailleurs à la base de ce qui motive les gens à immigrer. Mais que veut dire vivre mieux, être plus heureux? Est-ce que notre fille est plus heureuse avec dix poupées qu'avec une seule? Notre garçon sera-t-il plus satisfait s'il possède 15 figurines de Batman plutôt qu'une seule? Cinq jeux de Lego légèrement différents? Quarante-deux voitures Hotwheels? Vingt-trois jeux de Dora? Nous étouffons nos enfants avec toutes ces possessions matérielles, nous contribuons à leur attitude blasée. Vers quoi s'en va-t-on?

Il y a de cela de nombreuses années, je me rappelle avoir lu une histoire, dans le *Sélection* du *Reader's Digest*, dans laquelle une femme (je crois qu'elle travaillait dans le domaine médical) s'occupait à l'occasion d'un petit voisin, un jeune garçon venant d'une famille peu nantie. L'enfant possédait une petite voiture qu'il traînait partout avec lui. Il jouait toujours avec celle-ci, créait des scénarios loufoques et amusants. Or, il y avait une campagne de promotion dans une des bannières qui vendait de l'essence. À chaque plein d'essence, le client pouvait obtenir une petite voiture moyennant un dollar, ou quelque chose comme cela. Il y avait à peu près 14 véhicules à collectionner. Bref, les détails m'échappent, mais en gros, je me rappelle que la dame en question était assez fortunée pour aller au magasin et acheter la collection complète à son petit protégé, mais elle ne voulait pas le faire pour ne pas créer de malaise face aux parents du petit garçon, qui peinaient à joindre les deux bouts. Elle a donc coordonné toute une opération, sollicitant l'aide de ses amis et de sa famille afin de réunir les 14 petites voitures. En quelques semaines, elle a réussi son coup et a pu offrir la collection de voitures au petit garçon, qui a été surpris, excité, emballé par son cadeau. Le temps a passé, quelques jours, quelques semaines, et la femme s'est rendu compte que le jeune ne jouait plus du tout avec les voitures, ni même avec la sienne, qu'il avait eu l'habitude de traîner partout avec lui avant de recevoir sa collection. Elle lui a demandé pourquoi, et il a répondu à peu près ceci : « Ma petite voiture était spéciale, elle était unique. Je ne sais pas comment aimer autant de voitures en même temps... » Cette histoire m'est toujours restée en tête. Nous faisons peut-être de la projection, croyant contribuer au bonheur de notre enfant en l'inondant de jouets, mais bien malgré nous, c'est peut-être le contraire qu'on induit. C'est comme si nous étions accro à leur réaction : les petits yeux qui s'ouvrent grand, la bouche béate de surprise, la petite « stepette » d'un bonheur bien éphémère. Combien de fois avons-nous été témoins de cette scène : c'est Noël et notre enfant déballe son premier cadeau. Il ne se peut plus, il est excité, emballé, saute partout, déchire la boîte, cherche des ciseaux pour libérer son trésor, plus rien n'existe pour lui... et que fait-on ? On lui dit de mettre son jouet dans le coin, parce qu'il a un autre cadeau à déballer ! Et le même scénario se répète encore et encore et encore, parfois une vingtaine de fois dans l'heure, parce que tout le monde y contribue : parents, grands-parents, oncles et tantes... C'est comme si nous voulions prouver combien nous aimons nos enfants en les gavant de cadeaux, ce qui est complètement ridicule ! Je sais que vous savez que c'est ridicule, tout le monde en est conscient, mais nous le faisons quand même. Il faut que ça cesse ! Après quelques années passées ainsi, notre enfant devient inévitablement blasé devant l'avalanche de cadeaux. Il en déballe un, dit : « Oh, wow ! » il le jette dans le coin et dit aussitôt : « Un autre ! » La scène est familière ? Arrive alors le bilan : « J'en ai moins que l'année passée ! Juste 26 ! Comment ça se fait que ma sœur en a plus ? » Et les larmes arrivent : Ti-Pou n'en a que 18, mais il a une console X-Box de quelques centaines de dollars ! Et on se met à le consoler de n'avoir « que » 18 cadeaux, on essaie d'expliquer qu'il en a moins à déballer que sa sœur, mais que la valeur est la même... Vous avez déjà vécu cela ? On a alors un éclair de lucidité, quelqu'un dit tout haut, en pinçant les lèvres, que les jeunes sont donc pas reconnaissants, dans notre temps on appréciait ce qu'on avait, ce qu'ils sont mal élevés, maintenant… Bla, bla, bla.

La prochaine fois que vous magasinerez pour des cadeaux, pensez-y : à qui cet achat fera-t-il davantage plaisir, à vous ou à l'enfant ? Et combien de temps durera véritablement ce plaisir ? Je sais, c'est exigeant et pas tellement de notre époque, mais si nous voulons « bien » aimer nos enfants, nous devons contribuer à bâtir une image juste de la valeur des objets vs la valeur des humains. Une de mes tantes offrait un des meilleurs cadeaux qui soient à mes filles : une journée en ville avec elle ! Pendant cette journée, chacune de mes filles bénéficiait de belles heures en tête à tête et ma tante profitait de ce moment pour leur apporter un brin de culture. Par exemple, ma plus vieille a eu une passe où elle adorait préparer des recettes asiatiques. Ma tante l'a donc emmenée dans le quartier chinois où elles ont acheté des ingrédients exotiques pour ensuite, de retour à la maison, passer le reste de la journée à concocter un délicieux repas. Quel cadeau mémorable ! Pas tellement plus cher que ce qui aurait été dépensé en cadeau traditionnel, mais combien plus fantastique, original et profitable !

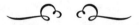

Façon malhabile d'aimer son enfant :
le gaver de cadeaux inutiles, substituer des possessions matérielles à notre temps. Désensibiliser notre enfant à la valeur des objets.

Chapitre 6

Désamorcer les crises durant la petite enfance

Le clonage des adolescents rebelles à la James Dean

> *Une trop grande liberté, un «fais ce que tu veux» commode, met la jeunesse dans l'impossibilité de désobéir, alors que rien d'audacieux n'existe sans la désobéissance à des règles.*
>
> Jean COCTEAU

Je n'ai pas particulièrement le goût de dire «dans mon temps...», parce que ça me fait vieillir, mais il reste que c'est ma référence. Il y a aussi le risque d'embellir le passé, dont certains diront qu'il n'est beau que parce qu'il est passé... Ce n'est pas grave, allons-y, je me lance.

Dans mon temps, soit dans les années 1970-1980 (ou dans celui des générations précédentes), la communauté était plus serrée et plus de gens contribuaient à l'éducation de base des enfants : les parents bien sûr, mais aussi la famille élargie, les voisins, parfois les parents de nos amis, les enseignants (cela va de soi) ainsi que le curé. Nous avions une vision à peu près commune du bien et du mal, des notions de respect et de savoir-vivre. Nous nous entendions sur les conventions sociales, qui étaient respectées et vécues dans la grande majorité des familles. C'était peut-être agaçant à l'occasion, mais avouons-le, surtout rassurant d'avoir ce cadre. Ensemble, la communauté prenait soin de ses petits, pour le bien commun de tous. Il va de soi que tout n'était pas impeccable, mais la notion de respect était plus concrète, plus visible.

Évidemment, aucune époque, aucune société n'est parfaite, et il ne faut pas idéaliser le passé. Même si à peu près tout le monde rentrait alors dans les rangs et respectait les règles établies. Les digressions étaient rapidement identifiées et l'enfant fautif recevait des remontrances. C'était désagréable pour le jeune, mais efficace : on voyait souvent une amélioration du comportement... encore une fois, pour l'harmonie et le bien commun de tous. J'ajouterais même pour le bonheur et la sérénité de l'enfant en premier ! Sauf quand on a affaire à un jeune délinquant qui présente des troubles divers, l'humain sait quand il agit mal et il ne se sent pas bien. Il ne l'avouera jamais au moment où on le reprend, mais il nous est reconnaissant de notre intervention. Pour le jeune, l'arrêt d'agir doit venir de l'extérieur en premier, d'un adulte bienveillant, jusqu'à ce que les balises et les points de repère soient bien établis et que le jeune puisse, dans une certaine mesure, s'auto-discipliner... ou comme l'aurait dit le curé, écouter sa conscience, sa petite voix.

Je disais donc que la majorité des gens respectaient les règles établies, mais il y avait toujours une ou deux incarnations de James Dean[9], qui fut brièvement mais intensément célèbre jusqu'à sa mort précoce grâce à des films tels que *La fureur de vivre*, traduction française de *Rebel Without a Cause*. Dean est le symbole immortel des adolescents en quête d'identité, une véritable icône à la moue frondeuse qui, à l'instar de Marilyn Monroe et d'Elvis Presley, représente la jeunesse éternelle durant laquelle la liberté doit se vivre à fond, sans soucis et sans craintes. Pensons aussi au personnage Danny Zuko, immortalisé par John Travolta[10] dans le film *Brillantine (Grease)*. Imaginez-le : ce personnage rebelle, sans toit ni loi, imperméable à la critique, frondeur, un brin baveux et arrogant... Il ne respecte rien ni personne, est libre, vit selon son propre code. C'est lui qui fait battre le cœur des filles, qui soulève des passions. Il donne aussi

9. Acteur américain (1931-1955).
10. Acteur, danseur et chanteur américain né en 1954.

des ulcères aux parents et inflige des dépressions aux enseignants. Les filles veulent le conquérir, les garçons veulent l'imiter, les parents veulent l'éloigner, les enseignants veulent le sauver, le curé veut le crucifier... Bref, il ne laisse personne indifférent. Malgré tout, il inspire un peu de crainte, voire de respect, et une certaine envie. La plupart des gens étant «ordinaires», normaux, cette personne est facilement identifiable et dans le meilleur des cas, elle fait office de divertissement. Ses nouvelles frasques donnent un sujet de discussion commun.

Dans n'importe quelle ville, n'importe quel village, n'importe quelle école, on retrouve ce James Dean. Or, ce qui semble s'être produit, c'est qu'il y a eu une multiplication de ces rebelles, au point où il y a plus de rebelles que de gens «ordinaires»! Ce qualificatif ne se veut nullement un jugement péjoratif; par *ordinaire*, je veux plutôt désigner les gens qui reconnaissent la hiérarchie intrinsèque de notre société, qui reconnaissent leur rôle et leur place dans celle-ci. Non pas qu'ils s'en contentent, loin de là, mais ils acceptent de gravir des échelons, ils admettent qu'il est normal de ne pas commencer au sommet. Ils sont prêts à écouter, à recevoir, à entendre, à réfléchir, à synthétiser avant de s'exprimer, de se prononcer, d'avancer, de défoncer. Ils sont sereins et répandent ce calme autour, pour peu qu'on prenne le temps de ralentir.

Alors, quel est le problème? De par leur caractère unique et original, les James Dean d'antan étaient stimulants et quelque peu attachants, mais le fait qu'ils se soient multipliés les a rendus banals et dérangeants. Une nuisance à la quiétude publique. Ils sont devenus la norme. Un rebelle qui s'exprime haut et fort fait rêver tous ceux qui l'entourent. Il est adulé et admiré, mais la communauté se charge de le ramener à l'ordre lorsqu'il dépasse les bornes. Aujourd'hui, dans à peu près n'importe quelle classe du secondaire, le phénomène s'est propagé et c'est maintenant une majorité des élèves qui possèdent, à différents niveaux, plusieurs des caractéristiques du personnage rebelle, que ces élèves soient garçons ou filles. Quels sont ces traits?

- une certaine forme d'agressivité verbale et physique ;

- un manque de respect des règles établies ;

- une arrogance plus ou moins assumée ;

- une inconscience de l'autre ;

- une autosuffisance ;

- une attitude « et après moi, le déluge » ;

- une imperméabilité aux besoins et sentiments de l'autre.

Ajoutons à cela la pop psychologie voulant qu'on règle tout avec de la compréhension et de l'écoute du petit MOI de l'enfant... Oulala ! Je suis loin de posséder toutes les réponses, mais après 20 ans d'enseignement au secondaire, je puis vous assurer ceci : ce qu'on fait ne donne pas les résultats escomptés ! Notre façon d'éduquer nos enfants en a fait des jeunes qui n'ont pas de limites et qui sont sourds à leur petite voix intérieure, leur conscience. Ils peuvent insulter avec le sourire et sans remords. Ils le font d'ailleurs entre eux à longueur de journée, entre amis : traiter sa « best » de *bitch* ou de salope, c'est maintenant un terme chaleureux !

Évidemment, la racine de ces comportements se trouve dans la petite enfance. Revenons donc à la base. Dire à un enfant de deux ans d'aller réfléchir à ce qu'il a fait est aussi ridicule qu'inutile. Son cerveau en est incapable. Promettre, sur un ton enragé, à un enfant de quatre ans qu'on va s'en parler à la maison *après* lui avoir acheté le bonbon qu'il voulait pour désamorcer la crise à l'épicerie, c'est absurde et encore une fois, inutile ! Tout ce que l'enfant a appris, c'est qu'il peut obtenir ce qu'il veut en gueulant un peu. Je vais le répéter : IL PEUT OBTENIR CE QU'IL VEUT EN GUEULANT UN PEU. Et qu'arrivera-t-il une fois à la maison ? On lui *expliquera*, patiemment et longuement, que ce qu'il fait n'est pas correct, que ce n'est pas bien. On lui demandera comment il se sent, s'il comprend qu'il a fait de la « pe-peine » à maman-papa... Sincèrement, y a-t-il encore quelqu'un qui pense que cela fonctionne ? Le cerveau du petit est obnubilé par le sucre du bonbon, il n'entend rien et n'a appris que ceci :

CRISE DE LARMES + ÉPICERIE = BONBON

CRISE DE LARMES + ÉPICERIE + BONBON = TEMPS PRIVILÉGIÉ AVEC MAMAN-PAPA

Ben oui, c'est ça. En suçotant allègrement son bonbon, Ti-Pou nous promettra de ne jamais, jamais recommencer, les yeux aussi purs et larmoyants que le Chat Botté dans les films *Shrek*. Voilà bien ce qu'on qualifie de promesse d'ivrogne ! En effet, Ti-Pou tiendra probablement le coup jusqu'à son prochain objet de convoitise, son prochain désir qui sera illico transformé en besoin E-S-S-E-N-T-I-E-L et I-M-P-É-R-A-T-I-F. Que fera-t-on ? On paiera l'objet, contribuant ainsi à faire grandir le côté capricieux et colérique de notre enfant, en disant sur un ton rageur, les mâchoires crispées : « Attends qu'on arrive àaa maison ! »

« Cause toujours, mon lapin, j'ai mon " nanane " ! Na ! »

Alors, que peut-on faire quand notre enfant est en bas âge et qu'il fait des siennes, peut-être même pour éviter qu'il se transforme éventuellement en James Dean ? Notre intervention doit rester simple : il est primordial de tenir compte de la capacité de compréhension du petit. Quelques conseils :

- On doit se placer à sa hauteur pour lui parler ;

- On le regarde droit dans les yeux ; on émet quelques consignes claires, d'une voix assurée :

  ◊ *non,*

  ◊ *arrête,*

  ◊ *ça suffit;*

- On garde un contact physique ferme et rassurant :

◊ *mettre notre main sur son bras ou sur son épaule,*

◊ *prendre l'enfant dans nos bras,*

◊ *le maintenir assis sur une chaise;*

- On s'assure que notre langage non verbal aille de pair avec le message, donc un visage sérieux (pas question ici de se contredire en riant, en chatouillant ou en faisant une blague, ce qui rendrait l'enfant confus... avec raison!);

- On utilise le silence après avoir donné la consigne, le temps que l'enfant intègre le message;

- On attend que l'enfant se calme;

- On répète la séquence si nécessaire.

Il ne faudrait pas sous-estimer les vertus de la répétition. En effet, dans le cas d'un enfant qui fait des crises dans les magasins pour avoir des bonbons, notre message pourrait toujours être le même, par exemple: «Non, je ne t'achète pas de bonbons quand tu cries», «Non, on ne crie pas dans les magasins» ou encore «Non, on ne mange pas de bonbons au magasin». Il faut y aller selon nos valeurs (certains diront: «Non, les bonbons sont mauvais pour les dents»), mais le plus important, c'est d'être cohérents dans nos interventions. En soi, ce n'est pas la fin du monde qu'on permette à notre enfant de prendre un bonbon à l'occasion, surtout si on est à la maison et qu'il peut brosser ses dents après. Ce qu'on veut déprogrammer, c'est la demande systématique qui dégénère en crise lors des emplettes, puisque cela nous cause énormément de stress, comme parents, en plus de devenir un mauvais moment pour tous en suscitant des émotions très désagréables. Il faut donc trouver un moyen de ne pas bannir les bonbons, puisque là n'est pas le but de l'intervention, en montrant à notre enfant la façon appropriée de se comporter lors de sorties dans les magasins. Essayez-le, vous allez voir: après quelques interventions dans lesquelles on utilise les mêmes mots en tenant notre bout (évidemment, il ne faut pas céder en achetant le bonbon...), ce ne sera pas long que vous allez être capable de passer devant l'étalage de bonbons avec votre enfant, qui va vous annoncer, dans toute sa candeur et sans que vous n'interveniez, sa jolie frimousse recherchant votre approbation, que «Non, hein maman? Bonbons, c'est pas bon pour les dents, hein maman?» Ce sera une petite victoire pour vous mais surtout, une des payes les plus gratifiantes dans votre compte d'estime parentale. Il sera alors tout à fait approprié d'y aller avec du renforcement positif: «Oui, ma chérie, tu as bien compris!» et de clore avec un sourire chaleureux et un contact physique (bisou, câlin) qui valide le tout. Par contre, il serait vraiment malvenu de récompenser l'enfant... en lui achetant le fameux bonbon! Ceci viendrait défaire tout le travail d'éducation que vous avez patiemment élaboré. Je me rappelle d'un moment où je faisais l'épicerie. Deux enfants, un garçon et une fille qui devaient avoir entre quatre et six ans, couraient dans l'allée en criant, totalement dans leur monde imaginaire. Ils jouaient avec un plaisir évident à essayer de s'attraper, inconscients des clients qui zigzaguaient autour d'eux.

Silencieusement, j'encourageais leur mère à réagir: «Allez, madame, dites quelque chose...» Enfin, mon vœu a été exaucé. Elle s'est fâchée: «C'est assez! Venez ici tout de suite!» et les a assis tous les deux dans le panier, en leur disant qu'ils pouvaient oublier la surprise qu'elle leur avait promise, puisqu'ils ne la méritaient pas. Penauds, les deux petits s'étaient tus. Je continuai mes emplettes, félicitant la mère par télépathie. Deux minutes ne s'étaient pas écoulées que la petite fille a dit à sa mère: «On est gentils, là, maman, hein?» La mère a acquiescé avec un petit hochement de la tête, la bouche un peu pincée. Après une très courte pause (quelques secondes...), la petite a repris: «Est-ce qu'on peut l'avoir, là, notre surprise?» Dans ma tête, la sirène est partie, avec la grosse lumière rouge clignotante: DANGER! DANGER! PIÈGE DROIT DEVANT! Et la valeureuse maman qui, avec toute la meilleure volonté du monde, le cœur rempli d'amour pour ses petits, a capitulé: «D'accord...» Dans mon esprit, je hurlais: «Nooon! Pauvre madame, vous venez de défaire votre intervention!»

En effet, tout ce que les enfants ont appris, c'est qu'ils peuvent faire les «zouaves» (pour reprendre une de mes expressions préférées du Capitaine Haddock, dans les bandes dessinées *Tintin*) à l'épicerie, puis ils n'auront qu'à se tenir tranquille pendant deux minutes pour obtenir ce qu'ils veulent. Il y a là un risque que l'enfant développe des comportements manipulateurs, que sa zone de confort se trouve constamment à deux millimètres de la limite de ce qui est acceptable. Évidemment, une telle attitude essouffle énormément les parents... et les enseignants, parce que l'enfant (et ce sera pire à l'adolescence) est toujours en train de nous tester et de contester. Pour cette raison, nous devons être assez patients, comme parents, pour laisser le temps à la leçon de vie d'être comprise, digérée et intégrée. Normalement, agir ainsi fera en sorte que les comportements hors normes seront davantage contenus, il y aura moins de crises et de demandes exagérées, au plus grand bonheur de tous, en premier celui de l'enfant.

Évidemment, attendez-vous à ce que votre enfant vérifie, de temps à autre, si la consigne tient toujours, c'est tout à fait normal. Vous pourrez alors profiter de l'occasion pour solidifier son cadre de référence en répétant la séquence de l'intervention, ce qui le rassurera et contribuera à former son estime de lui. Puis, si vous avez été conséquent, les crises disparaîtront complètement, puisque l'enfant aura compris qu'il ne peut pas gagner sur ce point. Ne vous inquiétez pas, il s'essaiera ailleurs... Il faut rester vigilant !

Chapitre 7

Une place pour l'individualité, une place pour la conformité

Mouââââ, je les fais comme ça, mes « R » !

Dans le futur, chacun aura droit à 15 minutes de célébrité mondiale.

Andy WARHOL

L'individualité. Quelle belle façon de sentir qu'on existe. Se démarquer, être différent, sentir qu'on a sa place. Être reconnu pour sa marginalité. Ne pas être un numéro. Être « spécial », unique. Important, même !

N'est-ce pas là la validation de notre existence ? Nous aimons tous, à quelque part, être reconnus pour nos talents et notre valeur unique. Il y a bien sûr des gens qui préfèrent se fondre dans l'anonymat. Ils sont plus heureux dans l'ombre que dans la lumière. Par contre, s'effacer dans la masse n'est pas particulièrement à la mode ces temps-ci. Est-ce un avantage, y a-t-il quelque chose de positif à recevoir une telle validation ? Certainement, quand elle est justifiée et qu'on a véritablement produit quelque chose de fabuleux ! Or, je le rappelle encore, même si ce n'est certainement pas une opinion qui me rendra populaire : la plupart d'entre nous sommes très ordinaires ! Les magnats de la télévision veulent nous faire croire le contraire en multipliant les émissions de téléréalité, mais la très grande majorité des participants ne vivra qu'un moment légèrement étendu du fameux 15 minutes de célébrité prédit par l'artiste Andy Warhol. Tout, ou presque, n'est-il pas devenu qu'illusion, à notre époque? Les artistes, les publicités, l'industrie du film, de la musique et de la télévision embauchent tous des faiseurs d'images. Ne suffit que d'un investissement pour transformer qui que ce soit en beauté! De nos jours, il n'est pas rare qu'une chanteuse soit choisie beaucoup plus pour ses abdos d'enfer que pour son talent vocal. Pourtant, la voix devrait être l'élément déclencheur, l'outil indispensable qui permet au véritable talent d'être reconnu, pas vrai? Ce n'est pas toujours le cas. Grâce aux avancées phénoménales dans la technologie du son, on a développé des modules tels que *Auto-Tune*, qui réussit à corriger les fausses notes en direct, ce qui permet aux jeunes effigies de Madonna[11], Britney Spears [12] et compagnie de danser, sauter, «hip-hopper» à qui mieux mieux sans craindre l'imperfection vocale. On ne pourrait passer sous silence toutes les parties préenregistrées... Loin de moi l'idée de dénigrer ces vedettes internationales, qui ont assurément des talents indéniables dans l'art du spectacle, mais sur leur déclaration fiscale, elles indiquent probablement que leur profession, c'est d'être chanteuse! Voilà donc pour la réalité édulcorée qu'on nous présente.

Dès lors, nos enfants grandissent avec un besoin difficile à assouvir d'être extraordinaires, parfois à n'importe quel prix. De tout temps, les jeunes ont suivi les modes. Ils ont imité les comportements des gens branchés, en ont adopté le vocabulaire et les mimiques, ont reproduit leur style vestimentaire... Aujourd'hui, le défi est énorme pour eux! En effet, ils doivent soutenir en même temps la pression de se démarquer, d'être uniques, importants, et tout le tralala, mais leur développement les incite aussi à faire partie de la horde afin d'appartenir à un groupe, de s'y identifier. Pas de tout repos! La pression n'a jamais été aussi grande pour les adolescents. Raison de plus pour qu'ils soient entourés d'adultes fiables, solides. Ils n'en ont jamais autant eu besoin; leur équilibre et leur bonheur en dépendent.

---

11. Chanteuse, auteure, productrice, actrice et danseuse pop américaine née en 1958.
12. Chanteuse et danseuse pop américaine née en 1981.

Quand, en plus, ils ont des parents qui projettent l'image de Céline Dion[13] ou de Wayne Gretzky[14] dans leur progéniture... la pression devient insoutenable! Comment cela se traduit-il en classe? Créativité mal ciblée, frustration, incapacité à se plier à des règles, bien sûr, mais aussi à accepter certaines conventions sociales, certains codes. L'exemple le plus banal qui me vient en tête est la calligraphie. Puisque j'enseigne le français, j'ai besoin de vérifier l'orthographe, n'est-ce pas, cela va de soi. Or, de plus en plus d'élèves s'obstinent avec moi quand je leur dis qu'ils ne tracent pas bien les lettres. J'ai dû faire mon deuil de l'écriture en lettres cursives qui, semble-t-il, est devenue trop difficile pour les enfants. Pourtant, toutes les générations précédentes en étaient capables, même si leur scolarité ne s'étendait souvent pas au-delà de l'école primaire! Expliquez-moi, alors, pourquoi on perd du temps à l'enseigner au primaire pour ensuite ne plus l'imposer, je n'ai pas encore saisi, mais bon, je m'égare...

Bref, après des années de combat obstiné, j'ai choisi de mettre mes efforts ailleurs puisqu'il est impossible pour une seule personne de combattre un système. J'accepte donc la calligraphie script, mais je tiens à ce que les élèves tracent les lettres selon le code établi. Élémentaire, n'est-ce pas? Toutefois, certains des jeunes qui ont croisé ma route ne maîtrisent que 20 ou 21 lettres, au lieu des 26 habituelles de notre alphabet. Vous voulez des noms? Alexis, qui ne connaît qu'un seul gribouillis pour désigner les lettres r, n et s, par exemple. Ou encore Florence, qui ajoute une patte supplémentaire au n et au m; par conséquent, le n a toujours l'air d'un m et le m... eh bien, c'est une création! Il y a aussi Coralie, qui trace des i en forme de c surmontés d'un ballon au lieu d'un point... Elle trouve cela plus artistique. Pour ma part, j'ai l'impression que son écriture prend des allures arabiques! Et n'oublions pas Raphaël, qui met des R et des M majuscules partout parce que «c'est plus beau comme ça». Ève, qui écrit en lettres attachées, mais qui ne ferme jamais ses s, qui prennent donc l'allure d'un r mou. Il y a bien sûr Frédéric, qui ne dépasse jamais

---

13. Chanteuse québécoise née en 1968.
14. Joueur professionnel canadien de hockey sur glace né en 1961.

la ligne ; adieu donc à la petite queue qui caractérise le p, le q, le g, le j. Anouk, quant à elle, ne met aucune barre sur les t (t sans barre = l...), de point sur les i ou d'accent sur les voyelles... Trop de trouble ! Trop long. Permettez-moi de préciser qu'il s'agit d'enfants qui n'ont aucune difficulté motrice ou intellectuelle... Leurs parents m'assurent qu'ils sont créatifs.

On pourrait bien dire que c'est mon travail d'éduquer, de montrer aux enfants comment il faut faire, et c'est tout à fait vrai. La différence que j'observe en 20 ans d'expérience, c'est la résistance grandissante des jeunes lorsque j'apporte des correctifs. Certains sont vraiment fâchés lorsque je leur « reproche » de ne pas bien tracer leurs lettres. Je les atteins en plein cœur ! N'oublions pas que je m'adresse à la royauté, n'est-ce pas ? Ils me répondent que c'est comme ça qu'ils forment cette lettre, eux ! Je n'ai qu'à me plier à leur code, ce n'est pas compliqué ! De toute façon, ils me disent souvent qu'ils sont incapables de faire autrement, comme si tout était déjà joué à 12 ou 14 ans.

En soi, cette petite entorse au code calligraphique n'est pas la fin du monde, je le conçois, mais il faut comprendre que cette mentalité, cette réponse, n'est qu'un symptôme très révélateur du narcissisme de la nouvelle génération : c'est la responsabilité du Monde de s'adapter à chaque jeune. Le système ne tient plus, n'a plus sa place.

Je suis 100% pour la créativité et l'originalité, mais il faut bien choisir le véhicule. Écrire une histoire originale, oui. Inventer de nouveaux symboles pour désigner la lettre e... non, à moins qu'on ne soit en train de peindre une œuvre sur ce thème ! Encore là, il va de soi que si Christophe Colomb et tous les autres explorateurs, physiciens, scientifiques et inventeurs avaient suivi toutes les règles, l'Histoire serait bien différente. Comme le disent les anglophones, « *Think outside the box* ! » Tout à fait d'accord, c'est ce qui nous permet de trouver des solutions créatives aux problèmes insolubles. Toutefois, il importe que la base soit solide avant qu'on invente de nouvelles lettres !

Attitude qui nuit au travail de l'enseignant :
quand cela nous concerne (par exemple lorsqu'on supervise les
devoirs de nos petits au début de leur carrière scolaire), mal
encadrer la créativité de nos enfants en leur permettant trop de
laxisme sur la méthode de travail,sur la présentation des devoirs et
des travaux, sur les notions de base, sur l'étude, etc.

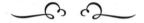

Chapitre 8

La lourdeur de faire des choix

Bleu ou rouge ?

> *Le choix est le gâteau du caprice.*
> Emmanuel COCKE

> *Celui qui a le choix a aussi le tourment.*
> Proverbe allemand

> *Où le choix commence, finissent le paradis et*
> *l'innocence.*
> Arthur MILLER

À peu près une fois par mois, je me retrouve dans la salle d'attente chez l'orthodontiste. Même si plusieurs ont l'impression de perdre leur temps dans des circonstances semblables, je trouve qu'il peut s'avérer à la fois intéressant et révélateur d'observer l'interaction entre parents et enfants. Je me rappelle de cette jeune Chinoise qui devait tout traduire pour son père, lequel ne possédait que quelques rudiments de la langue française, incapable pour l'instant de soutenir une conversation dans notre langue. Cette fille a assurément dû développer courage et débrouillardise dès son plus jeune âge, ce qui l'outillera pour la vie. Sans le savoir et sûrement à cause du contexte, ses parents lui ont rendu un fier service. Peut-être qu'elle n'avait pas le choix, elle vit peut-être des moments difficiles, mais elle apprend à faire son chemin. La hiérarchie était bien établie dans cette famille, comme c'est souvent le cas dans la culture asiatique. Ce n'est pas le cas partout. D'ailleurs, ce que je remarque souvent dans les relations parents-enfants, c'est la grande camaraderie, comme s'ils étaient amis. Légèreté des échanges, humour, clins d'œil complices. Parfois difficile de savoir qui est la mère, qui est la fille, tant le look est similaire. D'autres, assis ensemble, pitonnent indépendamment sur leur cellulaire, s'ignorant mutuellement d'un accord tacite. Certains ne peuvent se tolérer, s'assoient aux deux extrémités de la salle. J'ai vu une mère reprocher agressivement à sa fille le retard... de l'orthodontiste. Les humains, nous sommes capables du pire comme du meilleur, n'est-ce pas ?

La dernière fois que j'y suis allée, un père accompagnait ses deux enfants, un garçon d'environ huit ans et une fille de trois ans. C'est le garçon qui avait rendez-vous. Dès leur arrivée, voici ce que papa a dit à sa fille, en rafale : « Veux-tu enlever ta veste ? Tu devrais enlever ta veste, tu vas avoir chaud. Enlève ta veste, chérie. Tu veux enlever ta veste ? Sinon tu vas avoir chaud. Veux-tu que je te l'enlève ? »

La petite, qui avait très hâte de découvrir les jouets dans la salle d'attente, s'est laissé faire. Encore une fois, l'exemple est peut-être banal, mais je me transporte en classe devant une trentaine d'adolescents et je me demande si leurs parents leur ont toujours offert des choix... sur *tout*. Ont-ils répété chaque consigne *ad nauseam* aussi ? Quand je leur dis : « Sortez votre cahier », et qu'ils sont si lents à réagir, leur cerveau croit-il que je viens de faire une suggestion ? Entendent-ils plutôt ceci : « *Veux-tu* sortir ton cahier ? Tu *devrais* sortir ton cahier, tu en as besoin. Sors ton cahier, mon grand. *Tu veux* sortir ton cahier ? Sinon tu ne pourras pas écrire. *Veux-tu* que *je* sorte ton cahier pour toi ? »

J'ai vu tellement de parents agir de cette façon, les exemples sont infinis. Faisons une activité ! Cochez chaque situation dont vous avez été témoins... ou acteurs :

❑ « Veux-tu qu'on change ta couche ? Il faut changer ta couche, elle est toute sale ! Veux-tu que maman s'en occupe ? Ou papa ? Qui va changer ta couche ? Allez, mon chéri, viens voir maman, on va changer la cou-couche ! »

❑ « Qu'est-ce qu'on met aujourd'hui : le chandail bleu ou le rouge ? Quel chandail tu veux ? Lequel est plus beau ? Qui met le chandail : toi ou moi ? Tu mets ton chandail tout seul comme un grand ou c'est maman qui le met ? Tu veux que ce soit papa ? »

❑ « Ton visage est sale. Viens, maman va te laver. Veux-tu te laver toute seule ? Viens, chérie, il faut laver ton bisou parce qu'il est plein de chocolat ! Viens, mon amour. Tu peux le laver toute seule comme une grande ! Ah, tu veux la débarbouillette rose ? D'accord, princesse. Allez, viens ici. La débarbouillette est trop froide ? Pauvre chouette... »

❑ « Il est l'heure du dodo. Qui va te raconter une histoire : maman ou papa ? Oui, c'est l'heure du dodo, mon grand. Il faut mettre ton pyjama. Spiderman ou Hulk ? C'est toi qui choisis, champion. Allez, c'est maintenant. Arrête de te cacher, mon petit Spiderman... Je compte jusqu'à trois. Un... deux... trois ! C'est l'heure du dodo, mon amour, viens. Où es-tu ? »

❑ « Avec quel toutou tu vas faire dodo : Fido ou Grigri ? Lequel est plus doux, l'ourson ou la girafe ? Aimes-tu mieux le petit chien ? Wouaf ! Wouaf ! Oh, ne pleure pas chéri. Oui, papa va aller chercher ton mouton chez grand-maman. Tout de suite, mon amour. Arrête de pleurer, mon cœur ! »

☐ « Veux-tu brosser tes dents ? Il faut brosser tes dents, sinon tu vas avoir des caries ! Est-ce que tu brosses tes dents tout seul ? C'est important, brosser les dents ! Est-ce que tu veux que grand-maman les brosse pour toi ? Prends-tu la brosse à dents rouge ou la bleue ? »

☐ « Viens, maman va peigner tes cheveux. Veux-tu une queue de cheval ou des tresses ? Aimes-tu mieux des lulus ? OK. Avec une barrette de princesse ou de Dora ? Des élastiques rouges ou roses ? »

Aïe, aïe, aïe ! Quelle pollution sonore ! Ce qui est triste là-dedans, c'est que ces exemples sont si peu caricaturaux. Nous vivons à une époque où trop de parents négocient à peu près tout et son contraire avec leurs enfants. On ne veut tellement pas brimer ces pauvres petits choux que ceux-ci se retrouvent constamment face à des choix depuis leur berceau ! Mais ils ne sont pas équipés pour faire tant de choix à l'heure, c'est épuisant et surtout, cette habitude les induit en erreur. Oui, nous avons des choix à faire, mais pas sur tout, pas toujours. Certaines consignes sont imposées, les lois sont non négociables ! Un panneau d'arrêt, c'est obligatoire, ce n'est pas une suggestion. Il doit y avoir un chef, un patron, un leader ! La démocratie ne veut pas dire que tout le monde a toujours son mot à dire sur toutes les décisions et qu'on ne bouge pas tant que tous ne sont pas d'accord ! Sinon, on pourrait se retrouver avec, oh, je ne sais pas, des étudiants en grogne qui se mettent en grève, cassent tout, prennent la population en otage et refusent d'accepter que le gouvernement ne soit pas d'accord avec leurs idées ! Mais ce problème est très complexe et je ne m'aventurerai pas à l'analyser.

Revenons aux exemples. Quand nous avons le bonheur d'accueillir un adorable poupon dans notre vie, nous devenons du même coup responsables de combler ses besoins de base : le nourrir, le laver, l'habiller, veiller à sa sécurité, à son hygiène. Or, ces besoins de base ne doivent pas être une source de négociation ou d'irritant : on change la couche pour le bien-être de l'enfant. On le met au lit chaque soir à 19 h 30 parce que c'est bon pour lui, parce que le sommeil est nécessaire, parce que la routine sécurise, parce que l'humain a besoin de rites... pas parce que c'est une punition ou une conséquence. Surtout, on pose chacun de ces gestes, que cela soit agréable ou pas, parce qu'on est l'adulte qui sait ce qui représente la meilleure option à ce moment-là. Oui, il est possible qu'on fasse erreur. Nos parents en ont fait, leurs parents aussi et nos enfants en feront aussi; c'est humain. On assumera en temps et lieu. Le réflexe devrait être simple : est-ce que ce geste est bon pour mon enfant à long terme? Si oui, allons-y et assumons notre rôle d'adulte!

Quand nous habituons nos enfants à tout choisir, nous ne leur imposons rien. Je vous ramène en classe. Trente petits cœurs croient qu'ils peuvent choisir. Mois d'avril. Il commence à faire chaud. Pendant la pause, toutes les fenêtres sont ouvertes pour changer l'air du local. Les élèves commencent à arriver.

Laurence : « Brrrr! Fait froid. Hé! Antoine! Ferme la fenêtre! »

Martin : « 'stie que ça pue! Fait chaud. Antoine! Ouvre la fenêtre! »

Gabriel : « Shu gelé. Antoine! La fenêtre! »

Julien : « On crève, icitte. Antoine, ouvre la fenêtre! »

Peut-être que c'est l'adolescence, peut-être qu'ils ont tout choisi étant petits. Ils ne saisissent pas que l'adulte en classe, le chef de la meute, le *leader* pendant 60 minutes est conscient des conditions climatiques, qu'il tente, avec des moyens limités (trois fenêtres, une porte, aucun ventilateur, certainement pas de climatiseur) de maintenir dans la moyenne. Ils sont inconscients du fait qu'il est difficile, voire impossible de répondre à la fois aux besoins verbalisés de Laurence, de Martin, de Gabriel et de Julien ainsi que de ceux de tous les autres qui se sont tus. On appelle cela vivre en société et admettre que tous nos besoins ne soient pas comblés immédiatement, tant qu'ils satisfassent le plus grand nombre... Comprendre que malgré le traitement reçu à la maison, on n'est pas le nombril du monde, qu'être égocentrique n'est pas une qualité! S'il est normal quand l'enfant est petit d'agir comme si ses propres besoins étaient la seule chose qui importait, autant aux autres qu'à lui-même, il me semble impératif d'en être sorti une fois rendu à l'adolescence, d'où l'importance du rôle parental de ne pas répondre à chaque demande frivole de l'enfant comme si c'était un besoin essentiel. Je trouve intéressant d'établir un parallèle avec le stade préopératoire, selon la théorie du développement cognitif de Piaget (notez que le stade prend fin vers 6 ou 7 ans, normalement…):

> Le deuxième stade est celui de la période **préopératoire** qui débute vers 2 ans et se termine vers 6 - 7 ans. Durant cette période qui se caractérise entre autres par l'avènement du langage, l'enfant devient capable de penser en termes symboliques, de se représenter des choses à partir de mots ou de symboles. L'enfant saisit aussi des notions de quantité, d'espace ainsi que la distinction entre passé et futur. Mais il demeure beaucoup orienté vers le présent et les situations physiques concrètes, ayant de la difficulté à manipuler des concepts abstraits. Sa pensée est aussi très égocentrique en ce sens qu'il assume souvent que les autres voient les situations de son point de vue à lui[15].

Rouge ou bleu: parfois, ce n'est pas une décision vitale. Ça ne mérite ni une commission d'enquête, ni une rencontre au sommet, ni un consensus.

On n'est pas le nombril du monde…

---

15. <http://lecerveau.mcgill.ca/flash/i/i_09/i_09_p/i_09_p_dev/i_09_p_dev.html>

Soyez conscients du nombre d'occasions lors desquelles vous obligez votre enfant à faire un choix. Ne le submergez pas de questions, d'offres et de choix sur tout et sur rien. Habituez-le à suivre le rythme de la famille, à accepter qu'on lui impose des choses, particulièrement si son bien-être en dépend : changer la couche, s'habiller, brosser les dents, dormir, manger, boire, prendre le bain, attacher le harnais dans le siège d'auto, partir pour la garderie, revenir de la garderie, etc. L'enfant doit quand même apprendre à faire des choix, mais les parents doivent déterminer quelles sont les occasions où il est approprié de le faire.

Chapitre 9

Ignorer un enfant qui crie est-il une solution efficace ?

> *Aaaaaaaaaaaaaaaaaaaaaaaaaaahhhhhhhh-*
> *hhhhhhhhhhhh!*
>
> Un enfant chez Walmart

Quand j'étais enfant, ma grand-mère a eu l'excellente idée d'organiser une méga-fête de famille une fois par année pour réunir tous les cousins et les cousines, proches et éloignés. Personne ne connaissait tout le monde, mais à force de se voir, on en venait à développer des liens et on avait hâte à l'été suivant. Je vous raconte cet événement parce qu'un de mes oncles, exaspéré, a jadis prononcé une phrase comique qui est restée dans les annales de notre famille.

C'était un samedi de juillet, tout à fait sublime, parfait à tous points de vue: chaud, ensoleillé, superbe. Un des cousins, un peu... énergique, faisait des siennes. Nous étions au camping familial, sur le bord de l'eau, et le petit coquin (je le dis avec un brin de tendresse, mais ma grand-mère le trouvait moins drôle...) était partout, il touchait à tout, testait les limites physiques (comprenez: le moment auquel tel ou tel objet ne pourrait résister à la pression et se briserait) de moult accessoires, meubles, portes... Son grand-père tentait bien de le ramener à l'ordre, sans grand succès. C'est alors qu'on l'a entendu s'exclamer, à bout de patience: «Coudonc, y a-tu des parents, c't'enfant-là?!!!»

Je ne pourrais vous dire combien de fois cette phrase m'est passée par la tête quand je me rends dans des magasins. On dirait que le phénomène est particulièrement flagrant chez Walmart. Je ne compte plus le nombre d'enfants que j'ai entendus hurler ou pleurer en vocalises alors que les parents, complètement désabusés, poursuivent leurs emplettes en poussant leur panier avec un air désintéressé, sans intervenir. À la remarque de mon oncle, j'ajouterais celle-ci: «Y sont-tu sourds?!!!! Qu'est-cé qui pensent?!!!» (À une autre époque, on y aurait perdu son latin... Dans mon cas, je me permets d'être tout à fait à la mode et d'y perdre mon français, ce qui explique le joual de mes citations, né de l'émotion. Pardonnez-moi...)

Le «parenting» à temps partiel, ça ne fonctionne pas. Intervenez, faites quelque chose, fâchez-vous, ramenez-le à l'ordre, laissez-le à la maison!

Voici une anecdote qui s'est passée il y a quelques années, un certain samedi de Pâques... Nous nous rendions à une fête familiale, mais il nous manquait un chocolat pour un des enfants. On s'arrête à la Place Versailles. Mon mari et les enfants attendent dans l'auto, ce sera plus rapide ainsi, d'autant plus que le centre commercial est plein. J'essaie de marcher rapidement dans la foule, en zigzaguant entre les familles, les amis, les clients. Sporadiquement, j'entends un long cri d'enfant: «Aaaaaahhhhhhh!!!» Puis le silence. Ça reprend: «Aaaaaahhhhhhh!!!» Le phénomène, de plus en plus fort parce que je m'approche de la source, se répète quatre ou cinq fois en un court laps de temps. Enfin, j'arrive à *Ground Zero*: il s'agit d'une jolie petite fille ayant tout au plus deux ans. Elle est debout derrière sa poussette, les bras tendus vers le ciel pour atteindre les poignées qu'elle ne rejoint pas tout à fait. La petite frimousse avait le goût de marcher (ce qu'elle ne maîtrisait pas encore) en poussant ladite poussette. Évidemment, elle est trop petite pour voir où elle va et le *hall* du centre commercial étant bondé de monde, dire que ce n'est pas le moment de la laisser faire ses expériences est un euphémisme. Chaque fois que ses parents touchaient la poussette pour la diriger dans le droit chemin (on ne parle pas là d'enlever à l'enfant le plaisir exquis de marcher, une des premières expériences de liberté...), la petite se mettait à hurler. Les parents abdiquaient, les cris cessaient. Poussette en travers du passage, mains des parents sur la poussette, cris stridents. Répétez autant de fois que désiré...

Et me voilà encore une fois abasourdie. C'était un de mes premiers «qu'est-cé qui pensent?!!!» J'étais une jeune maman,

à ce moment-là, bien imparfaite alors comme maintenant, mais avec la conscience aiguë de l'importance de mon «job», de ma responsabilité capitale d'élever mes enfants en tenant compte de leur place présente et future dans le contexte de la société.

Voulez-vous le savoir, ce que j'aurais fait? Je vais vous le dire. Deux solutions:

Primo: j'aurais pris ma fille dans mes bras illico et on serait sortis de la bâtisse, peut-être pour aller dans un parc ou dans un endroit (le stationnement de ma maison, par exemple, puisqu'elle n'avait pas besoin de plus d'un ou deux mètres carrés...) pour lui permettre de s'entraîner à marcher. Le salon aurait aussi très bien fait l'affaire!

Secundo: je l'aurais assise DANS la poussette, l'aurais attachée avec beaucoup de fermeté et d'amour et aurais poursuivi mes emplettes. Je serais intervenue au niveau des pleurs: pas question de faire des crises! Dans le pire des cas, encore une fois, si la petite s'était avérée inconsolable, j'aurais quitté les lieux. Il n'est pas nécessaire de faire subir pleurs et crises à l'ensemble de la population parce que moi, j'ai décidé que mon besoin de magasiner était plus grand que leur quiétude! Le même raisonnement s'applique au restaurant, particulièrement aux restaurants chic, hauts de gamme, dans lesquels beaucoup de couples se rendent lorsqu'ils ont justement fait garder leurs propres enfants.

À cet âge-là, la pire chose à faire est d'expliquer en long et en large pourquoi il ne faut pas agir comme ça. Il est si facile de distraire, d'intéresser l'enfant à autre chose... Il ne faut pas s'embourber et penser que le bambin est un mini-adulte : **il ne l'est pas**. Son cerveau est en développement, il n'a pas la capacité de tout comprendre et de raisonner. Il faut donc utiliser des mots à la hauteur de sa compréhension. Surtout, il ne faut pas négliger le pouvoir de la distraction. On tient notre bout, on fait un arrêt d'agir pour le bien de l'enfant, puis on change d'endroit, on bouge !

En parlant de cerveau, je lisais récemment qu'on a finalement décidé d'étirer jusqu'à 21 ans la tolérance zéro pour l'alcool au volant. Comme le disait le journaliste Alain Dubuc dans son texte du 14 mai : « Ce nouveau règlement [...] se justifie par les habitudes de conduite des jeunes, et par des considérations comportementales et neurologiques, notamment la propension à l'impulsivité et à la prise de risque et les lacunes dans l'exercice du jugement[16]. »

Si le gouvernement en vient à modifier des lois pour tenir compte des limites dans les capacités de raisonnement du cerveau, nous devrions faire de même à toutes les étapes du développement de notre enfant, et ce, dès leur naissance.

---

16. DUBUC, Alain. « La crise en chiffres », *La Presse*, Montréal, 14 mai 2012, p. A17.

Chapitre 10

L'impact de nos gestes : les enfants nous imitent

L'imitation est la plus sincère des flatteries.
Charles Caleb COLTON

Lorsqu'on est enfant, on est à la découverte de tout. On est curieux, on absorbe ce que les gens disent et font autour de nous. Notre réalité est LA réalité, la seule que l'on connaît. C'est notre normalité, contre laquelle on mesure toute nouvelle information. Cette collection d'attitudes, de comportements, de manières, de façons de faire composeront l'essence de la personnalité de l'individu et viendront se greffer à ses caractéristiques innées pour en faire un mélange tout à fait unique et merveilleux, une recette qui aura des versions similaires (père et mère, frères et sœurs, cousins et cousines, etc.), mais non identiques. Comme parents, nous espérons toujours que notre progéniture sera au moins aussi bien que nous, sinon mieux ; que nos enfants seront au moins aussi bien gâtés par la vie que nous, sinon davantage. En même temps, il est profondément humain de ressentir une grande fierté devant ce que nous avons été capables de fabriquer, de produire à partir de presque rien ! Et, curieusement, nous sommes aussi fiers quand nos petits présentent les mêmes défauts que nous. Qui n'a pas eu un sourire en coin, secrètement gonflé d'orgueil, lorsqu'on a constaté que la petite Marie-Pier ne tolère pas que les bas blancs soient mêlés aux bas de couleur dans son tiroir, comme nous ? Que Maxime dort toujours sur le dos avec un bras sur le front, comme son père ? Que Valérie éternue toujours trois petits coups consécutifs, comme sa mère ? Que Julien vide toujours son assiette de façon méthodique : les légumes en premier, la viande à la fin... comme son papa ? Souvent, ces petites habitudes sont attachantes, rien de plus que des petits travers comiques.

La première fois que j'ai constaté que les enfants viennent au monde avec un énorme miroir grossissant qui nous permet de vraiment voir qui nous sommes, c'est avec la fille de mon mari. Nous étions chez mes parents pour le week-end. Elle et moi étions dans la salle de bain le matin, en train de nous préparer pour le déjeuner. Je séchais mes cheveux et du coin de l'œil, je voyais la petite (elle avait environ 4 ans) qui peignait sa frange, puis qui brassait rapidement la tête de gauche à droite, de façon presque imperceptible. Elle a répété le mouvement assez de fois pour que je me demande ce qu'elle pouvait bien faire là. Quelle habitude étrange! J'avais alors continué à me sécher les cheveux et, miroir oblige, PAF! En pleine figure. Je me suis vue faire exactement la même chose. Cela faisait vraisemblablement déjà 20 ans que je peignais ma frange pour ensuite la brasser, probablement afin qu'elle tombe en place de façon naturelle, mais je n'avais jamais remarqué cette petite habitude, bien anodine je le conçois, mais pour moi, je venais d'avoir un «flash» qui m'avait fait comprendre le pouvoir de l'imitation et l'immense responsabilité que nous avons, comme parents.

Autre moment clé : certainement pas un de mes gestes les plus brillants, mais je venais de lancer un verre contre le réfrigérateur dans un moment de frustration. De nature pourtant très douce, j'avais atteint le point d'ébullition... Éclat. Par la suite, j'avais pris le temps de compter à rebours le nombre de fois que j'avais lancé un objet lorsque j'étais à bout de nerfs :

- Le biberon, alors que nous étions vraiment dans le jus (trois enfants de 6 mois, 18 mois et 6 ans), une certaine veille du jour de l'An où nous étions en retard pour un *party* de famille. Je n'ai atteint personne ; c'était un trop-plein d'énergie dirigé vers le mur ;

- Le soulier (style sabot de bois), pendant que je marchais sur la rue au retour de l'école ; j'avais probablement neuf ou dix ans. Une compagne de classe me tourmentait. Elle a reçu ma chaussure dans le dos ;

- Le pot d'arachides derrière la tête de ma gardienne. Je ne m'en rappelle pas, mais c'est le premier incident, qui m'a été raconté !

Bref, suis-je surprise lorsque ma fille aînée, qui est toujours calme, douce, respectueuse et patiente, me raconte qu'elle a lancé une chaise à l'école ? Elle vivait de l'intimidation et en a eu assez, ce jour-là. De tous les gestes qu'elle aurait pu poser, elle semble faire comme moi, elle lance un objet. Toute sa colère est dirigée vers l'objet. Est-ce une bonne stratégie ? Peut-être pas, mais là n'est pas le but de cet exemple.

Quant à ma fille cadette, nous avons perdu le compte des objets (livres, disques, calculatrices, vêtements, souliers...) qu'elle a perdus depuis sa naissance. Je l'avoue, c'est frustrant et ça coûte cher. Nous avons essayé nombre de stratégies pour l'aider à mieux s'organiser, avec un succès mitigé. Or, c'est son père que cette habitude fâche le plus... Pourquoi ? Zoom sur le miroir grossissant : depuis que je le connais, pas une semaine ne passe sans que l'amour de ma vie ne perde ses clés, son portefeuille, son cellulaire... ou les trois à la fois. Au début, j'étais perturbée, désolée, paniquée... Maintenant, j'ai appris à vivre avec! J'ai installé une petite table à l'entrée de la maison avec un joli panier dans lequel on dépose clés, portefeuille et cellulaire... Simple et efficace, mais qui présente tout de même un succès mitigé. Pourquoi? Nous avons appris que notre plus jeune a un TDA (trouble déficitaire de l'attention), qui est un trait héréditaire. Il n'y en a pas de mon côté de la famille, donc... Vous comprenez? Il y a forcément tout ce bagage génétique que l'on transmet à nos enfants, qui est inné et avec lequel nous devons composer. La médication aide, mais mon mari et ma fille vivront toujours, comme plusieurs personnes, avec cette difficulté supplémentaire. L'humour aide: nous avons souvent taquiné la petite avec son «voleur personnel», cette entité invisible qui la suit partout et subtilise ses choses. Coquine, elle le «prête» parfois à son père; le voleur aime bien les clés et le cellulaire!

Ces traits que l'on transmet, puis que l'on reconnaît chez nos enfants sont, pour la plupart, à la limite du comique. Ils peuvent aussi être source de frustration, particulièrement lorsqu'ils nous rappellent l'autre parent de notre enfant... qui est en plus notre ex! On peut toujours tenter de s'améliorer, mais il me semble que ce n'est pas une bonne idée de donner une passe gratuite à notre enfant pour excuser ses travers.

Un exemple: dans les vingt dernières années, je ne compte plus le nombre de parents qui m'ont dit, sur un ton de confidence et bien naïvement, devant leur enfant qui éprouvait des difficultés, que c'était tout à fait normal: eux-mêmes étaient terribles en orthographe! Ils h-a-ï-s-s-a-i-e-n-t le français...

Bon. Allons-y. Analysons un peu. Monsieur Labrèche n'est pas bon en français et en plus, il déteste la matière. Pas de problème: il a le droit, tous les goûts sont dans la nature, nous n'avons pas tous les mêmes forces, les mêmes intérêts. C'est ce qui rend les humains si fascinants: si nombreux, mais tous différents! Mais pourquoi donner une raison à son fils de relâcher ses efforts? Pourquoi lui donner une passe gratuite pour ne pas être bon, pour ne pas essayer de se surpasser? Pourquoi lui fournir une justification qui le déresponsabilise? Pourquoi le décourager ? Qu'y a-t-il de bon à indiquer à son enfant qu'il n'est pas nécessaire d'essayer ?

Syllogisme :

- Je ne suis pas bon en français (math, géo, science, éducation physique...) ;

- Tu es comme moi ;

- Donc tu n'es pas bon.

En tant que parent et adulte, nous devons savoir que toute vérité n'est pas bonne à dire tout de suite ! Laissons à nos enfants le temps de découvrir leurs talents et leurs intérêts, permettons-leur d'être meilleurs que nous ! Mettons tout en place pour qu'ils surmontent des obstacles, ne leur donnons pas la permission facile d'échouer ou de décrocher. Outillons-les pour qu'ils développent des solutions efficaces.

Je ne joue pas à l'autruche : je sais qu'il est très probable que l'enfant éprouve des difficultés semblables à celles de l'un de ses parents, à l'école, mais je suis convaincue que cautionner ses difficultés en disant qu'on haïssait ça et qu'on était pourri dans cette matière, par conséquent fiston est pareil, ce n'est pas offrir une occasion à notre enfant de s'épanouir. On peut lui dire que c'était difficile pour nous, on peut l'accompagner dans ses difficultés, organiser de l'aide si on n'est pas en mesure d'expliquer, mais ne lui enlevons pas l'espoir de réussir. Je vois ici une occasion d'élever notre enfant, qu'il soit plus que moyen. Pour les parents, c'est une bonne occasion d'emprunter la voie la plus noble... en se taisant ! C'est parfois aussi simple que cela, être de bons parents : quand les circonstances sont favorables, on n'a qu'à garder le silence, qui peut être plus efficace, plus puissant et dans ce cas, plus positif qu'un fleuve de paroles bien intentionnées, mais peu appropriées.

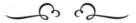

Façon malhabile d'aimer son enfant :

dévoiler ses propres faiblesses scolaires alors que l'enfant est trop jeune pour faire la part des choses, lui donner notre absolution sur ses propres difficultés en les banalisant, en disant que « c'est normal », « ce n'est pas grave », « il est pareil à nous », etc. On doit le soutenir dans ses défis et solliciter de l'aide à l'école, mais on doit aussi être assez nobles pour offrir l'occasion à notre enfant de réussir là où on a peut-être échoué. Le besoin d'identification et d'appartenance à la famille est puissant pour les enfants : ils le feront sans discrimination, que ce soit positif ou négatif. Renforçons donc les qualités et les aspects positifs qui sont similaires plutôt que de donner la permission (implicite ou explicite) à notre enfant de relâcher ses efforts sur les points plus faibles.

Chapitre 11

Élever notre enfant sans lui faire de peine : est-ce un service à lui rendre ?

Désolé docteur, il ne veut pas...

Primum, non nocere. (D'abord, ne pas nuire.)
Traduction libre d'un extrait du serment
d'HIPPOCRATE

En 1998, notre famille a dû traverser une épreuve absolument horrible. En effet, notre fille, Sophie-Anne, alors âgée de deux ans, a contracté la bactérie E.coli, qui s'est traduite par le développement du syndrome hémolytique urémique. En gros, les toxines se propagent dans le corps de l'enfant en attaquant inlassablement les organes, l'un après l'autre. Intestins, reins, cœur, poumons, parfois aussi le cerveau. Il n'existe pas de médicament pour soigner cette affection, les antibiotiques sont inutiles. Il faut attendre que cela se passe, la médecine ne pouvant que soulager le patient et réparer les dommages lorsqu'il est possible de le faire. Notre fille a dû subir une colostomie, de la dialyse ainsi que de multiples interventions chirurgicales pour corriger les adhérences ou encore l'épanchement péricardique. Elle a subi cinq opérations en quelques mois et à peu près autant d'hospitalisations. Son corps porte encore les traces indélébiles de cette année charnière de son enfance.

Au début de sa maladie, elle a passé un mois à l'hôpital, dont les deux premières semaines aux soins intensifs. Bref, ce chapitre de notre vie a duré en tout six mois pendant lesquels de nombreux médecins, chirurgiens et infirmières ont pris les décisions nécessaires et ont posé les gestes incontournables pour sauver notre fille qui, à une autre époque, n'aurait certainement pas survécu à cet assaut bactérien.

Comme parents, nous sommes évidemment passés par toute une gamme d'émotions. De la tristesse à l'incompréhension, de la colère à un sens de culpabilité paralysant. On veut comprendre pourquoi. Pourquoi est-ce arrivé ? Comme mère, je me suis sentie responsable, coupable, je me suis traitée de tous les noms. Comment avais-je pu permettre que mon enfant soit si malade ? Qu'est-ce que j'avais fait ? J'éprouvais le besoin viscéral de savoir ce que j'avais fait de façon excessivement précise, parce que je me disais que si je connaissais mon erreur, je pourrais éviter de la reproduire, ce qui me permettrait de protéger mes enfants. Comme mère, c'était ma tâche principale : veiller aux besoins de base de mes enfants, les PROTÉGER ! Que d'heures de discussion, d'analyse des faits, de recherche médicale, de questionnement. J'avais toujours eu une confiance aveugle en la médecine, et voilà que je me retrouvais devant les humains les plus instruits de notre société et que ceux-ci étaient à court de réponses. Rien n'était clair. On avait beau avoir été capables de développer la technologie au point de créer et de fabriquer des fusées qui ont permis à des hommes de marcher sur la Lune et depuis 2012, de déposer un engin d'exploration sur Mars, on n'arrivait pas à éradiquer l'agresseur microscopique qui menaçait d'éteindre la vie de mon enfant. C'était à n'y rien comprendre. La frustration, le sentiment d'incapacité menaçaient de me noyer. On était dans les nuances les plus subtiles de la médecine. Mon mari et moi avons cherché des réponses partout. Puisque la médecine traditionnelle ne trouvait pas de solution, nous avons aussi regardé du côté de la médecine alternative. J'avoue bien humblement que les anges ont été sollicités pour sauver ma petite chérie. Étant d'une génération où la religion a été évacuée, j'ai compris à ce moment-là le besoin tout à fait humain d'inclure une certaine forme de spiritualité. Instinctivement, on regarde vers le ciel, on demande de l'aide à un être suprême ou à l'Univers, sans savoir hors de tout doute s'il y a quelqu'un pour répondre à l'appel. Toutes nos croyances sont bousculées, rien n'est sûr. Nos valeurs sont unilatéralement bombardées par le doute.

Au début de la maladie, je crois que c'était au courant de la deuxième semaine de l'hospitalisation initiale, je me rappelle être sortie de l'hôpital pour retourner brièvement à la maison, question d'aller chercher quelques vêtements et prendre une bonne douche. J'étais assise sur la banquette arrière de la voiture. Le regard éteint, j'observais la Vie par la fenêtre. C'était une magnifique journée du mois de juin, ensoleillée à souhait, inondée par la chaude lumière du soleil. Les fleurs, la végétation étaient à leur comble, teintées des couleurs les plus vives de la saison. Je voyais des gens marcher, rouler à bicyclette ou encore se déplacer dans leur voiture. Dans ma tête, tout était au beau fixe, ma réalité était grise. Je me demandais comment c'était possible que la Terre continue de tourner alors que ma fille était torturée par la maladie, minuscule dans son lit d'hôpital.

Quelques jours plus tard, la travailleuse sociale m'avait convaincue de sortir de l'hôpital pour aller prendre de l'air, me changer les idées. Ma fille résidant aux soins intensifs et dans un état presque comateux, elle était évidemment entre bonnes mains. C'était un bon moment pour décompresser pendant une petite heure. Ma mère m'avait emmenée au centre commercial. J'étais dans la cabine d'essayage lorsque le téléavertisseur que l'hôpital m'avait prêté a sonné. Je me suis évidemment rhabillée en moins de deux pour aller appeler les soins intensifs : « Ne vous inquiétez pas, Madame Quesnel, tout est sous contrôle. Du liquide s'était accumulé autour du cœur de Sophie-Anne et on craignait un arrêt cardiaque. Elle est au bloc opératoire pour qu'on lui installe un drain. Tout va bien... »

OH ! MON DIEU ! Quel sentiment atroce. Les toxines ont fini par épuiser leurs ressources et la vie a à peu près repris son cours au milieu de juin. L'été s'est bien passé et les tests ont repris au début de l'automne pour voir si le corps de ma fille était suffisamment réparé pour qu'on puisse refermer sa colostomie. Elle a subi des examens douloureux, a eu d'autres complications, d'autres interventions chirurgicales, d'autres hospitalisations... Bref, épargnons les détails puisque là n'est pas l'objectif de ce livre, mais tout s'est soldé par une anastomose (fermeture de la colostomie) en décembre, opération qui a dû être reprise une semaine plus tard à cause de complications. Ultimement, on a enlevé un tiers du côlon, Sophie-Anne a enfin repris le teint rosé de l'enfance et elle est en santé depuis ce temps-là, malgré les cicatrices physiques qui découpent son abdomen. Elle a la chance de ne pas se rappeler ses séjours à l'hôpital, ne connaissant de cette histoire que ce qu'on lui en a raconté.

Lorsqu'elle a commencé l'école, inévitablement, elle est revenue à la maison en disant que des amis avaient réagi en voyant son ventre, gracieuseté du changement de vêtements lors du cours d'éducation physique. Dégoût pour certains, curiosité pour d'autres. Les questions n'étaient pas toujours délicates et les jugements étaient durs et blessants. Nous étions conscients qu'elle pouvait être stigmatisée par ses pairs. Nous avons donc choisi les mots qu'elle était capable de comprendre à son âge pour lui expliquer à quel point elle avait été brave et forte dans cette épreuve, ce qui est tout à fait vrai. La chirurgienne nous avait dit qu'il serait possible de faire une chirurgie esthétique, éventuellement, pour effacer les traces de bistouri. Or, nous ne voulions pas que notre fille ait honte de son corps, ce qui est un défi de taille à l'époque où nous vivons, bombardés par des images de jeunes starlettes édulcorées à coup de *PhotoShop*. Sophie-Anne, avec la grande sagesse qui émane parfois des enfants malades, nous a épatés une fois de plus. À ses yeux, ses cicatrices représentent la médaille de son courage... et elle y tient! Ces marques font partie de son histoire peu conventionnelle et, 14 ans après l'événement, elle n'est toujours pas intéressée à les effacer. Elle peut porter un bikini sans honte, sans gêne. Elle est capable d'expliquer patiemment et avec beaucoup de douceur ce qui lui est arrivé.

Bon. Je me suis permis un long préambule, une petite incursion dans ma vie personnelle pour enfin arriver à mon objectif. Dernièrement, j'ai eu la chance de discuter avec une infirmière dont les propos m'ont jetée à terre. J'étais bouche bée. Mon incompréhension n'avait d'égal que l'expression d'horreur teintée d'un brin de colère dans le visage de mon mari. Nous échangions des anecdotes au sujet des enfants, puisqu'elle travaille auprès de cette clientèle. Elle nous parlait aussi des réactions et gestes des parents, qui ne sont pas toujours impeccables, je le conçois. Ayant vécu aux premières loges des soins intensifs et autres départements à l'hôpital, je sais que l'épreuve d'avoir un enfant malade fait ressortir nos plus belles qualités comme nos pires défauts. Nous pouvons prononcer des mots durs, exigeants, blessants... Nous pouvons mal réagir, pleurer, crier... C'est viscéral. Mais jamais, au grand jamais, je n'aurais cru que des parents pourraient annuler une opération parce que l'enfant NE VEUT PAS! C'est ce que j'ai appris lors de cette discussion: certains parents appellent à l'hôpital pour annuler la chirurgie de leur enfant parce que le petit *ne veut pas* se faire opérer.

Je ne connais pas d'explétifs assez forts pour exprimer l'indignation qui m'habite alors que j'écris ces mots. Quand notre fille a été malade, au désespoir, nous avons cherché des réponses ailleurs que dans la médecine traditionnelle. Les médecines douces ont tout à fait leur place dans le système et nous y avons recours régulièrement. Cependant, avec tout le respect que je leur dois (et selon les différentes disciplines), il me paraît peu probable que des intervenants de la santé ayant quelques mois ou quelques années de formation possèdent plus de réponses qu'un comité de médecins spécialistes aux études depuis au moins une décennie. La quantité de connaissances ne se compare pas. Je dirai bien, puisque cela doit être dit, qu'il existe de mauvais médecins, comme il existe de mauvais comptables, de mauvais avocats, de mauvais coiffeurs, de mauvais enseignants! Mais en bout de ligne, c'est la science qui parle, on peut bien solliciter une seconde opinion, on devrait tout de même se plier aux recommandations de ces gens qui possèdent le savoir.

L'enfant ne veut pas.

Quel enfant – non, attendez, quel adulte VEUT se faire opérer? Personne, voyons! Ce n'est pas agréable, ça fait mal et c'est stressant. On le fait pour être mieux, pour être bien, voire pour RESTER EN VIE.

Ti-pit ne veut pas mettre ses bas rouges? Qu'il mette les bleus, d'accord, il gagne encore et on nourrit son petit monstre, mais ce n'est pas la fin du monde. On lui permet peut-être de devenir plus capricieux, mais si cela se produit à l'occasion, pas de problème. Le but n'est évidemment pas de l'écraser et de l'opprimer, on doit le laisser gagner et choisir à l'occasion, mais pas sur des questions aussi importantes qu'une opération! Et en plus, dans l'état actuel de notre système de santé, où les listes d'attente sont interminables...

Il ne veut pas. Désolé, docteur, on annule l'opération.

Juste pour s'amuser un peu, extrapolons et recadrons. Replaçons Ti-pit dans le contexte d'une salle de classe, dans la société. Voulez-vous m'expliquer comment, en tant qu'enseignante, je pourrai arriver à convaincre Ti-pit (s'il est encore en vie...) de faire ses devoirs s'il ne *veut* pas? Ses parents capitulent lorsqu'il refuse d'aller à l'hôpital. Ils demandent au médecin ou à l'infirmière de lui parler pour le convaincre! Hé! Allô! Réveillez-vous: c'est qui, l'adulte? L'enfant ou les parents?

OK. Respirons un peu...

Tout ce que je sais, c'est que si mon mari et moi avions refusé les interventions médicales parce que notre fille ne *voulait* pas, elle serait **morte**. Point à la ligne.

Ce n'est pas aussi dramatique pour chaque enfant, mais il me paraît absolument immoral que des parents n'assument pas leurs responsabilités de façon aussi cruelle et tordue. J'imagine que les médecins doivent parfois se résigner à signaler des cas semblables à la DPJ pour réveiller ces adultes qui ne font pas leur job. C'est vraiment triste.

Sixième façon facile de trop aimer son enfant :
éviter à tout prix de lui faire de la peine. Si c'est cela qui guide
nos interventions parentales, nous risquons malheureusement
d'accomplir l'effet contraire. Un exemple caricatural : un enfant
s'est coupé le bout du doigt sur un morceau de métal rouillé. Il a
besoin d'une piqûre de tétanos et de points de suture. Il ne veut
pas, pleure, crie, geint, est terrifié. Votre choix : le ramenez-vous
à la maison en emballant bien son doigt malade pour éviter la
douleur momentanée d'une piqûre et des points de suture, en
espérant que des anges viendront le guérir... et en sachant qu'il
faudra peut-être l'amputer plus tard à cause de l'infection et de
complications, ou si vous lui dites ceci : « Chéri, c'est vrai que ça
va être un peu douloureux, mais nous n'avons pas le choix, il faut
soigner ton doigt. Je vais rester avec toi, tu peux serrer ma main
aussi fort que tu le veux. Tu es un brave garçon, je sais que tu es
capable... Je t'aime, je suis avec toi. » Nous devons assumer nos
responsabilités et accompagner nos enfants dans de tels moments,
même si cela implique des décisions difficiles, voire des choix
douloureux. Il faut voir les bénéfices du geste à long terme et ne
pas céder à la peine, à la manipulation ou à la douleur immédiate,
qui disparaîtra pour céder la place à la guérison
ou au bonheur durable.

Chapitre 12

L'équité passe-t-elle par des interventions
identiques pour tous les enfants ?

Bon pour minou, bon pour pitou ?

Il existe plusieurs façons d'atteindre un but, tout le monde le sait. Tant qu'on ne parle pas de pâtisseries, on dit même souvent d'un bon chef qu'il n'a pas besoin de suivre une recette à la lettre. C'est ce qui donne saveur, nuance et subtilité aux plats.

En est-il de même pour l'éducation de nos enfants ? Dans un sens, oui. On a beau être d'excellents parents ou pédagogues, ce qui fonctionne avec un enfant s'avérera un échec avec l'autre. Est-on injuste pour autant ? Il s'agit là d'une question intéressante, mais je ne le crois pas. Nous devons évidemment nous assurer de viser l'équité à long terme, mais au quotidien, il me paraît important d'ajuster nos interventions selon le niveau de compréhension, l'âge, le tempérament ainsi que tout autre facteur pertinent.

Prenons le cas de Maxime et de Félix. Le premier : un garçon sportif, extraverti, enjoué, impulsif, énergique, volubile, très actif. Le second : un garçon studieux, calme, réfléchi, posé, flegmatique, timide, sensible. Les parents peuvent bien tenter de traiter ces enfants de la même façon, mais s'ils choisissent cette avenue, il y a fort à parier qu'ils ne réussiront qu'avec l'un des deux.

Maxime aura besoin qu'on le dirige de façon plus musclée, d'une voix plus forte et ferme. On devra s'assurer d'avoir son attention, probablement à l'aide d'un contact visuel, yeux dans les yeux. On voudra confirmer qu'il a compris la consigne en la lui faisant répéter, voire expliquer. Ce n'est pas que Maxime soit moins intelligent, mais puisque tout dans son corps et dans son esprit est constamment en action, il pourrait y avoir ce que je décrirais comme de la pollution sonore dans sa tête. Par conséquent, si la consigne qu'on lui donne est très importante, on voudra «baisser le volume» des autres stimuli pour qu'il saisisse bien ce qu'on lui transmet. Si nous faisions une caricature d'un enfant comme Maxime, elle ressemblerait à ceci:

- musique rock, volume au max;

- batteur dans un groupe rock;

- mange, boit, texte, joue de la batterie d'une main pendant que l'autre lance un ballon de football;

- cheveux mi-longs, souriant, ouvert;

- le vent dans les voiles...

En ce qui concerne Félix, ses parents devront faire dans la douceur et dans la nuance. Pas besoin de lui parler fort ou avec des mots durs, cela ne ferait que le blesser et on risquerait de perdre contact, à la longue, ou encore de miner sa confiance en lui. Il ne sera probablement pas nécessaire de lui répéter la consigne plusieurs fois, puisque Félix se fera un point d'honneur de répondre à nos attentes rapidement. On pourra lui faire confiance facilement et il ne nous décevra pas. Voici la caricature de Félix:

- musique classique en sourdine;

- lecteur avide installé dans une bibliothèque;

- doux, distant, gentil;

- vêtements conservateurs, propres, bien agencés;

- une activité à la fois;

- efficace, fiable.

On peut donc aisément comprendre qu'il n'y a justement pas de recette pour éduquer tous les enfants, on doit s'adapter. Félix n'est pas mieux que Maxime, mais il sera probablement plus facile à élever, plus agréable à côtoyer au quotidien. Par contre, Maxime risque d'être plus coloré, peut-être même plus intéressant. De bons parents aimeront autant l'un que l'autre, mais reconnaîtront les différences intrinsèques de leurs garçons et s'ajusteront en conséquence, sans créer d'injustice. C'est un défi, mais c'est possible. Les discussions et les interventions ne seront pas identiques avec les deux enfants, qui vont certainement vivre les mêmes stades de développement, mais de façon différente. Maxime sera plus intense, alors que Félix sera plus conciliant.

À l'école, nous devons maintenant appliquer la pédagogie différenciée. Afin d'arriver au même but, nous devons tenir compte des particularités et des besoins de chaque élève qui nous est confié. Il y a de nombreux avantages à cela. Si je peux confier une tâche plus active à un élève de type Maxime pendant que l'élève de type Félix s'occupe de l'organisation plus silencieuse du projet, je permets à Maxime d'exploiter son potentiel, de bouger, de se sentir valorisé. En même temps, Félix utilise toutes ses ressources intellectuelles pour voir au bon déroulement du projet. Le reste de la classe bénéficie du fait que chacun soit bien occupé et la fin du cours arrive sans que personne ne l'ait vu venir! Dans des conditions idéales, c'est ce qu'on pourrait faire, toujours. Dans la réalité, c'est un peu différent.

Premièrement, on ne peut pas toujours être en projet. Au préalable, il faut passer par des blocs d'enseignement plus traditionnel qui aboutiront au projet. Ce sera la concrétisation des apprentissages, le transfert à la pratique. On peut bien utiliser la technologie moderne pour rendre l'expérience plus vivante, mais les jeunes doivent parfois, même au XXIe siècle, s'asseoir en silence pour recevoir **activement** de l'information. C'est là que le bât blesse. On est partis d'un paradigme où l'élève n'était qu'un vase à remplir, passif, à un joueur actif responsable de son apprentissage. C'est tout un défi! Encore une fois, dans un monde parfait, tout à fait génial, mais dans la réalité, ce n'est pas tout à fait comme cela que ça se passe...

À la maison, ce n'est pas toujours évident d'être justes avec nos enfants. Supposons que nous sommes parents de deux jeunes adolescentes, et que l'aînée, Emma, soit plus serviable que Juliette, qui rouspète toujours. Ne serait-on pas tentés de demander plus souvent à Emma de vider le lave-vaisselle, de ranger l'épicerie, de passer l'aspirateur, de ranger les bouteilles d'eau dans le réfrigérateur, sachant qu'elle le fera avec le sourire ? Dans un tel cas, je crois qu'on est injuste. Les tâches doivent être partagées de façon équitable entre les enfants. Modifions les données : faisons d'Emma une jeune adolescente de 14 ans et de Juliette, sa petite sœur de 5 ans. Est-on encore injustes si on conserve le ratio de tâches proposé précédemment ? Non, car Juliette est trop petite pour contribuer de la même façon.

Somme toute, être parents demande beaucoup de jugement et d'adaptation. On doit constamment réévaluer nos interventions pour tenir compte du temps qui passe, des enfants qui grandissent, de leurs capacités qui s'accroissent. Sourire en coin, une amie m'avait déjà dit que malheureusement, nos enfants ont souvent le goût et toute la volonté nécessaire pour nous « aider » (par exemple, en passant l'aspirateur) quand ils sont trop petits et pas encore assez habiles pour le faire ; lorsqu'ils sont assez grands et capables, ils n'ont plus le goût ! C'est à nous d'être assez solides et constants dans nos exigences pour tenir compte des capacités de nos enfants.

Chapitre 13

Des limites aux explications

Le pourquoi du pourquoi du comment...

Quand un philosophe me répond, je ne comprends plus ma question.

Pierre DESPROGES

Quand vous ne voulez pas répondre, posez une question.

Mary HIGGINS CLARK

Petite leçon de grammaire. Lorsque j'enseigne les structures de phrases, nous passons forcément par l'apprentissage des phrases subordonnées : les relatives, les circonstancielles et les complétives. Comme toute notion, déterminer les types de subordonnées n'est pas sorcier, mais cela demande un minimum de connaissances, une compréhension de la phrase ainsi qu'une bonne capacité d'observation et d'analyse. Pour faciliter le processus et surtout, pour éviter que le travail ne soit aléatoire, nous procédons par quelques étapes séquentielles, qui sont bien expliquées et illustrées aux élèves.

Exemple :

1. Soulignez les verbes conjugués ;

2. Encerclez les subordonnants ;

3. Identifiez les types de subordonnants ;

4. Délimitez les phrases subordonnées à l'aide de crochets ;

5. Indiquez le type de subordonnée ;

6. Surlignez la phrase matrice.

L'expérience m'a permis de confirmer que lorsque mes élèves appliquent systématiquement cette méthode, ils réussissent à merveille. Une fois cette notion comprise et maîtrisée, nous pouvons passer à la pratique d'écriture et généralement, ces élèves composent des textes mieux structurés. Là où ça accroche ? Les jeunes qui veulent savoir le pourquoi de tout ! Il ne faudrait pas mal interpréter ma pensée. La curiosité intellectuelle est nécessaire, c'est elle qui permet aux sociétés, voire à l'espèce humaine d'évoluer. Sans curiosité, nous vivrions peut-être encore dans des cavernes, nous n'aurions pas découvert la pénicilline, l'Amérique serait encore vierge ! Or, quand mes élèves demandent *pourquoi* on doit appliquer cette méthode (qu'ils jugent longue et fastidieuse), je leur réponds que la structure dans le processus leur permettra toujours de valider leur compréhension et diminuera la marge d'erreurs. En bout de ligne, cette façon de faire leur permettra de comprendre quelles sont les caractéristiques d'une phrase bien construite ; à leur tour, ils écriront mieux. Évidemment, j'utilise des exemples et des mots à leur niveau pour faciliter leur compréhension, que j'explique à l'endroit, à l'envers et en diagonale ! Curieusement, les élèves qui réussissent bien rouspètent rarement. Ils appliquent la méthode de plus en plus rapidement et efficacement, au fil des exercices. Par conséquent, ils réussissent. Les élèves qui ont de la difficulté, au lieu de faire comme ceux qui réussissent, veulent couper les coins ronds. Ils sautent des étapes, sont impatients de donner la réponse, ne sont jamais satisfaits des explications données à leurs mille et un pourquoi. En fait, leur énergie est davantage tournée vers la demande d'explications que vers l'application de la consigne. Après 20 ans dans le milieu, je ne pourrais affirmer hors de tout doute que le lien cause à effet est aussi simple et direct que cela, mais je soupçonne que la source de leur insatisfaction se trouve dans ce que je qualifierais de « tic parental » bien de notre époque !

Il va sans dire que lorsque notre enfant commence à parler, nous sommes bien heureux… jusqu'à l'étape parfois lassante du « pourquoi ». Ça vous rappelle des souvenirs ?

« Viens déjeuner, mon amour.

- Pourquoi ?

- Parce que c'est bon pour toi.

- Pourquoi ?

- Parce que tu as besoin de devenir grand et fort.

- Pourquoi ?

- Parce que tu dois avoir de l'énergie pour aller à l'école.

- Pourquoi ?

- Parce que tu pourras mieux te concentrer et courir plus vite à la récré!

- Pourquoi?

- Parce que tu t'amuseras encore plus avec tes amis.

- Pourquoi?

- Parce que c'est important.

- Pourquoi?

- Parce que... **PAR-CE QUE**. Mange tes céréales!»

Il me semble que nos parents arrivaient plus rapidement à la réponse finale, dite avec autorité: «PAR-CE QUE. POINT À LA LIGNE!» C'était la fin de la discussion. Était-ce mieux? Peut-être, peut-être pas. De toute façon, l'objectif n'est pas de revenir en arrière, ce qui est futile, mais bien d'observer les faits et de modifier ce qui ne fonctionne pas dans notre société, aujourd'hui. Je ne peux qu'imaginer la réponse de nos grands-parents à leurs enfants... Possiblement une taloche derrière la tête pour avoir osé «défier» l'autorité par une question impertinente, mais combien innocente!

Comme souvent, la réponse me semble quelque part au milieu de l'équation. Nous possédons maintenant de meilleures connaissances en psychologie ainsi que sur le développement de l'enfant, et nous savons que cette étape est justement cela, une étape. Ce que j'essaie d'illustrer et de mettre en lumière, ce sont les abus que nous faisons. Dans le cas du *pourquoi*, la nouvelle génération de parents a tendance à tout expliquer dans les moindres détails, à donner le pourquoi du pourquoi du pourquoi du pourquoi... Quelles sont les conséquences de cette façon de faire? Nous apprenons à nos enfants à tout contester, à tout remettre en question. Évidemment, nous voulons éventuellement céder notre place dans la société à des gens qui ont un bon esprit critique, une belle capacité d'analyse. Cependant, pour être capable de juger d'une situation, nous devons posséder plusieurs informations couvrant l'ensemble de la question. C'est la somme de tous ces facteurs mis ensemble qui nous permettra de décider et d'agir. Or, je l'ai déjà dit : un enfant n'est pas un « petit adulte ». C'est un **enfant** et rien n'est mature en lui, encore. Il est en développement. C'est notre travail de l'accompagner dans son évolution. C'est à nous d'avoir assez de jugement pour ne pas l'inonder d'informations qu'il n'est pas encore capable de comprendre.

Je disais donc que la vérité est quelque part au milieu. Quand il pose ses questions, nous pouvons et nous devons lui donner des éléments de réponses, mais c'est à nous de décider quand c'est assez, à quel moment la dernière réponse se transformera en « PARCE QUE C'EST COMME ÇA ! » ou autre formule équivalente. C'est possible que l'enfant ne soit pas entièrement satisfait de la réponse, mais à mon avis, lorsqu'on assume notre rôle de parent et qu'on met notre pied à terre pour dire que c'est assez, on rassure notre enfant. On trace une limite tangible dans son cadre de référence. On le sécurise : même s'il ne pourrait jamais l'expliquer de cette façon, notre attitude est garante de sa sécurité, de sa confiance en l'adulte, en le système, en l'autorité. C'est tellement rassurant de savoir, hors de tout doute, qu'un filet de sécurité est bel et bien déployé derrière soi.

À l'inverse, se perdre dans des diatribes interminables pendant l'explication des pourquoi pourrait éventuellement faire perdre confiance. Forcément, on finira par s'embourber et se contredire, en plus de rater une belle occasion d'implanter son autorité bienveillante, de déposer une brique solide dans le cadre de référence de notre enfant.

Je suis convaincue de l'importance de ne pas tenter de TOUT expliquer aux enfants. Il va de soi que nos actions, nos gestes, nos décisions, nos travaux gagnent en signifiance lorsqu'on comprend le but à atteindre, et en temps et lieu, on voudra aider notre enfant à déterminer son propre but dans la vie. C'est d'ailleurs une des assises du Renouveau pédagogique. Cependant, il faut savoir s'arrêter. L'enfant n'a pas besoin de toujours tout comprendre, d'autant plus que ses capacités intellectuelles sont en développement. Comme parents, sachons nous arrêter, montrons à nos enfants que parfois, avec quelques explications contextuelles, il faut exécuter le travail ou la tâche de la manière prescrite, même si on ne comprend pas tout. Normalement, la personne compétente qui est en position d'autorité connaît le but ultime et nous place sur la bonne voie en nous donnant les consignes nécessaires. Plus le schème de références est concret et solide, plus on pourra aider notre enfant à développer sa pensée critique selon ses capacités, à chaque stade de son développement. Mais évitons d'expliquer la moindre consigne en long et en large, toujours, toujours, toujours... Ça devient très lourd pour tout le monde, les parents et les enseignants. Dans un contexte de classe, si les trente petits cœurs qui y battent ont besoin de tout valider, constamment, on finit par tourner en rond et ne rien accomplir. Quand on intervient auprès de nos enfants, il faut garder en tête que ceux-ci apprennent beaucoup plus de notre attitude et de notre non verbal que de nos paroles, et qu'ils transfèrent cet apprentissage aux autres sphères de leur vie. Imaginez trente enfants comme le vôtre, agissant comme le vôtre, et placez-vous en position d'autorité devant ces trente jeunes. Rendez-vous service à votre enfant (et à la société), en agissant comme vous le faites ? Il va de soi qu'il y a une différence entre les interventions faites à la maison et celles qui sont faites à l'école, mais il faut quand même garder en tête que l'éducation donnée dans chaque famille aura des répercussions sur notre tissu social.

Chapitre 14

Les bases de la communication efficace

S'exprimer. Écouter. Comprendre. Se taire.

> *Parler est le plus moche moyen de communication. L'homme ne s'exprime pleinement que par ses silences.*
> Extrait de *Maman, les petits bateaux,*
> Frédéric DARD

> *La communication est une science difficile. Ce n'est pas une science exacte. Ça s'apprend et ça se cultive.*
> Jean-Luc LAGARDÈRE

> *Entre ce qu'on cherche à exprimer, ce qu'on parvient à exprimer et ce que les gens comprennent, le mode de communication tient plus du téléphone arabe que de la photocopie.*
> Isabelle ALONSO

La qualité de la communication est à la base des relations sociales agréables, que ce soit en amitié, en amour ou dans un contexte professionnel. À l'école, c'est l'outil privilégié pour transmettre et pour recevoir l'information. Une synergie doit s'installer dans laquelle quatre actions doivent s'activer en alternance. Plus la complicité et le relais sont efficaces entre les interlocuteurs, plus l'apprentissage sera facilité. Voici les quatre actions :

1. S'exprimer;

2. Écouter;

3. Comprendre (inclut la vérification de notre compréhension);

4. Se taire.

J'expliquerai davantage ce concept, qui peut sembler simple, après avoir exploré quelques exemples dans lesquels les quatre actions n'étaient pas équilibrées.

* * *

J'ai donné des ateliers de français à un garçon que j'appellerai Thomas. Il avait échoué son cours de français en 3ᵉ secondaire ainsi que le cours d'été obligatoire. En discutant, j'ai pu constater que Thomas était un jeune garçon intelligent et intéressant, quoiqu'un peu passif en classe. De prime abord, je ne voyais aucune raison flagrante qui aurait pu expliquer ses difficultés scolaires. Or, lors d'une première rencontre, j'aime toujours faire parler les jeunes avec lesquels je travaille. Plus je les connais, plus je suis en mesure de cibler la source du problème. Je lui ai donc demandé pourquoi il vivait des échecs en français, qui était pourtant sa langue maternelle. Voici ce qu'il m'a répondu: «Les profs m'ennuient, donc je ne veux pas les écouter.» Je lui ai aussi demandé de cibler ses difficultés. Il m'a dit que c'était en écriture, particulièrement en ce qui a trait à la cohérence. Avec ces informations, je pouvais commencer mon intervention.

Puisque les ateliers se donnaient en très petits groupes, j'ai pu avoir un contact privilégié avec chaque jeune. Je faisais écrire mes élèves, travaillant à la fois la syntaxe, la grammaire et la cohérence textuelle. Or, Thomas rédigeait des phrases de niveau 1ʳᵉ secondaire, alors qu'il était en 4ᵉ, dans le genre: « *Quand il s'est réveillé, le chat a ronronné et ma mère a regardé une émission. Par conséquent, les biscuits qu'elle avait préparés étaient prêts.* » Je vous épargne les erreurs d'orthographe, mais on constate facilement le manque de maturité, l'incohérence dans les idées ainsi que la mauvaise utilisation des marqueurs de relation, qui faisaient partie des critères obligatoires dans l'exercice. En privé, j'ai expliqué les erreurs à Thomas, mais mes observations ne correspondaient pas à sa réalité, donc il n'arrivait pas à accepter de changer sa façon de faire. Pour lui, c'était drôle, ce qui était la caractéristique la plus importante à ses yeux. Il se trouvait amusant et divertissant. Il était incapable de se mettre à la place du destinataire et de comprendre que dans le contexte donné, son entêtement à continuer de rédiger de telles phrases ferait en sorte qu'il continuerait de recevoir les mêmes résultats : des échecs. Je me suis informée auprès de la direction, qui m'a dit que les parents du jeune Thomas le surprotégeaient et contestaient souvent les décisions de l'école. Par conséquent, Thomas faisait preuve de complaisance. Pourquoi déploierait-il de l'énergie pour changer sa façon de faire quand ses parents se démenaient pour lui au moindre obstacle, partant en guerre contre l'école à la moindre contrariété ? Changer sa façon de faire, accepter qu'il n'ait pas raison semblait une tâche trop ardue pour lui, il préférait son attitude que plusieurs qualifient de « Téflon ». D'autres diront que rien ne l'atteint : tout glisse sur lui comme l'eau sur le dos d'un canard.

Reprenons les quatre actions de base de la communication efficace pour examiner le cas de Thomas. Le jeune garçon est capable de *s'exprimer*. Cependant, son message n'est pas cohérent. Quand on lui explique les raisons pour lesquelles son texte est incohérent, Thomas est capable *d'écouter*. Il le fait même en *silence*. Par contre, sa *compréhension* est erronée. Est-ce parce qu'il y a trop de pollution sonore dans sa tête ? Est-ce parce qu'on lui a laissé croire que tout ce qu'il exprime est génial et fantastique ? L'a-t-on mis sur un piédestal ? Bref, la solution de Thomas pour faire face à cette difficulté semble être de s'emmurer davantage dans sa façon de faire : il persiste et signe. Malheureusement, cette attitude pourrait contribuer à son décrochage scolaire. Je ne saurais insister suffisamment sur l'importance, à la maison, de montrer à nos enfants à bien communiquer et à s'ajuster, à apporter des correctifs. Nous avons rarement la bonne réponse du premier coup, mais il ne faut pas abandonner pour autant.

Il faut valider notre compréhension, recommencer, poser des questions, faire un autre essai... À force de travail, le résultat s'améliore forcément. On devient bon, on goûte au succès, et cette compétence est transférable dans toutes les sphères de notre vie : amitié, amour, relations professionnelles... Tout le monde y gagne, et notre jeune poursuit ses études. Décrochage scolaire évité.

Une de mes citations favorites, que l'on attribue à Albert Einstein, est la suivante : « La folie, c'est se comporter de la même manière et s'attendre à un résultat différent. » Loin de moi l'idée de traiter le jeune Thomas de fou ou d'imbécile, puisque ce n'est pas le cas. Pourtant, nous sommes malheureusement nombreux à agir de cette façon ! Pour tenter de toucher l'imaginaire, j'ai souvent raconté l'allégorie suivante à mes élèves.

Imaginez que vous êtes dans un énorme gymnase double, que vous devez traverser. Les yeux rivés au sol, vous commencez à courir et paf ! Vous rentrez dans un mur. Un peu sonné, vous secouez la tête, bien déterminé à passer. Vous reculez de quelques pas, ne quittant pas le sol des yeux, prenez votre élan et à nouveau : paf ! Collision frontale. Des ecchymoses commencent à gonfler sur votre front et votre lèvre est légèrement fendue. Qu'à cela ne tienne, ce mur de briques ne gagnera pas ! Vous vous éloignez le plus loin possible, les épaules voûtées et le regard découragé toujours vissé au plancher, vous prenez une grande inspiration et vous vous élancez dans un sprint que vous espérez digne d'une prestation d'Usain Bolt[17]... re-paf ! Abattu, vous abandonnez. Il n'y a rien à faire, vous n'y arriverez jamais, c'est une tâche impossible. D'ailleurs, quelle idée stupide de faire traverser ce gymnase quand s'y dresse un mur de briques... Or, si vous aviez pris le temps de mieux regarder, vous auriez constaté que le mur n'était qu'un obstacle de deux mètres de largeur et qu'en modifiant votre trajectoire, vous auriez pu le contourner facilement, sans vous blesser ni vous décourager ! Personne ne vous obligeait à passer au travers du mur...

---

17. Athlète jamaïcain né en 1986, spécialiste du sprint et détenteur de plusieurs records mondiaux.

Maintenant, quand vous vivez un échec dans un examen, c'est un peu comme si vous entriez en collision avec un mur de briques. C'est désagréable et ça fait mal. Or, prenez-vous le temps de réfléchir à votre stratégie avant le prochain examen ou si, comme dans l'exemple, vous gardez les yeux vissés au sol?

- Avez-vous écouté en classe?

- Avez-vous fait les exercices?

- Avez-vous corrigé les devoirs?

- Avez-vous posé des questions quand vous ne compreniez pas?

- Avez-vous étudié?

Si vous reproduisez sans cesse le même comportement (ou la même méthode d'étude), vous obtiendrez toujours des résultats comparables. C'est génial quand on a 90%, moins bon quand on a 40%. Or, il est facile de dire que le cours est «plate», que le prof est ennuyeux, que ça ne nous intéresse pas... Mais en vérité, n'est-il pas utopique de croire que tout peut être ludique? Quelque part dans les dernières décennies, on a voulu moderniser l'école en rendant tous les apprentissages drôles, passionnants, interactifs. On ne veut tellement pas que nos enfants s'ennuient qu'on commence bien souvent à les stimuler *in utero*, avant leur naissance! Ça n'a plus de sens. C'est comme si on avait peur du silence, peur du vide. Et pourtant! C'est justement l'ennui qui est la mère de la créativité et des inventions.

À la maison, la stimulation est parfois poussée à outrance, de même que l'émerveillement devant le petit qui s'exprime. Je me rappelle d'un souper chez des amis où une des mamans, obnubilée par la splendeur de sa petite, avait interrompu tout le monde à grand coup de « CHHHHHUUUUUT! Jasmine va parler... Qu'est-ce que tu dis, Jasmine?... Allez, vas-y ma chérie, parle... Dis: maaaa-maaaaan!» Ce à quoi la petite a fini par gazouiller un long «Aaaaaaaaaaaaaaaaaaaaaaaah!» Je suis désolée, mais ce n'est pas un miracle. À la limite, c'était peut-être même une crampe!

Or, Jasmine a grandi et je me suis rendu compte qu'il n'y avait plus moyen d'avoir une discussion digne de ce nom avec sa mère, qui n'écoutait que d'une oreille, nous interrompant à tout moment : « Oui, Jasmine, qu'est-ce que tu veux dire ? » Il fallait que la petite princesse s'exprime et que tout le monde (ses sujets...) l'écoute !

* * *

Revenons aux bases de la communication, soit s'exprimer, écouter, comprendre et se taire. Dans le contexte scolaire (de même qu'en société), il y a souvent des bris dans la séquence. Oui, les gens s'expriment, mais acceptent-ils d'être parfois en silence ? Acceptent-ils que ce n'est pas à leur tour de s'exprimer ? Ils écoutent parfois, mais entendent-ils ? Se raccrochent-ils à un aspect du discours entendu lorsqu'ils reprennent la parole, créant ainsi la synergie nécessaire pour bâtir une compréhension commune ? Cette séquence est à la base d'apprentissages solides à l'école, mais elle est plus efficace quand elle se poursuit (ou commence) à la maison. Comment peut-on contribuer à mieux développer cette capacité à la maison ? Voici quelques pistes :

- En regardant une émission de télévision en famille sans permettre d'interruptions avant la pause commerciale, moment durant lequel on discutera de ce qu'on a vu, de ce qu'on a compris, de nos projections pour la suite ;

Silence ***pendant l'écoute***,

ce qui permet de bâtir sa ***compréhension***,

puis ***expression*** *pendant les pauses pour valider.*

- En exposant notre enfant à différents types de spectacle. En effet, on n'agit pas de la même façon selon qu'on assiste à une pièce de théâtre, à un concert intime, à un spectacle rock au Centre Bell, à un film ou à un festival extérieur pour souligner la St-Jean-Baptiste... Par exemple, on passera complètement inaperçu en déballant un bonbon ou une gomme pendant un concert rock, alors qu'on risque de se faire mettre à la porte si on le fait lors d'un concert classique ou pendant la scène la plus touchante d'une pièce de théâtre. De la même façon, applaudir, hurler et siffler pendant ou à la fin d'une chanson dans un spectacle de Green Day est tout à fait approprié, mais ce même comportement durant l'opéra de Madame Butterfly sera répréhensible!;

- En instaurant des rituels familiaux où il y a des comportements attendus, par exemple le souper du dimanche soir durant lequel on fera un tour de table pour que chacun exprime ses objectifs, ses appréhensions, ses projets, ses réussites de la semaine. À tour de rôle, tout le monde devra s'exprimer, écouter, valider sa compréhension... puis se taire.

L'idée est de faire comprendre à nos enfants que chaque personne a le droit de s'exprimer, mais que certaines façons sont meilleures que d'autres si l'on désire favoriser les relations sociales; qu'avec le droit de s'exprimer vient la responsabilité d'écouter l'autre, si on ne veut pas vivre dans une société où tout le monde parle, crie, s'exprime dans un désert interminable sans possibilité de réception... Tout le monde ne peut pas être émetteur en même temps. Il faut accepter de partager le micro et de jouer aussi le rôle de récepteur! Or, cet apprentissage doit commencer à la maison pour que nos enfants comprennent les bases de la communication efficace.

- Parfois, il faut *s'exprimer*. Il est important de donner son opinion, de prendre sa place dans la société. Il est important de bâtir son jugement, de confronter ses idées à celles des autres, d'échanger. *Par contre, dans certains endroits, dans certaines circonstances, à certains moments, ce n'est pas à notre tour de nous exprimer;*

- Parfois, il faut *écouter*. C'est un des quatre ingrédients de base en communication pour avoir des relations sociales enrichissantes. Il faut écouter, mais il faut aussi entendre et *comprendre*. Écouter activement, en profondeur. Poser des questions qui démontrent notre compréhension, notre interprétation, notre intérêt. *Dans certains endroits, dans certaines circonstances, à certains moments, on doit écouter, puis valider notre compréhension;*

- Parfois, il faut **se taire**. Le silence a sa place. Toute vérité n'est pas bonne à dire. Toute idée ne mérite pas d'être énoncée. *Dans certains endroits, dans certaines circonstances, à certains moments, on se tait.*

Chapitre 15

Les conséquences de l'insouciance

C'pas grave !

L'insouciance tue... les autres.
Stanislaw Jerzy LEC

L'insouciance est l'art de se balancer dans la vie comme sur une escarpolette, sans s'inquiéter du moment où la corde cassera.
Honoré de BALZAC

On dit des animaux qu'ils agissent selon leur instinct. Le lion ne se sent pas coupable d'attaquer une antilope et de la manger. C'est un besoin vital ancré : il doit tuer pour survivre. L'animal ne réfléchit pas avant d'agir, il *réagit* dans le moment présent. Il ne planifie pas, n'anticipe pas les conséquences, ne regrette pas son geste, n'est pas fier de lui... Il ne s'ennuie jamais, n'a pas besoin qu'on lui organise des activités, ne fait pas attention aux sentiments des autres...

Quant aux humains, ils se démarquent grâce à leur niveau de conscience et aux sentiments qu'ils éprouvent. Ils sont imputables de leurs paroles et de leurs gestes. Or, n'entend-on pas de plus en plus : « C'pas grave... » comme réponse ?

« Julie, tu n'as pas fait ton lit ce matin. »

« C'est pas grave. »

« Martin, ton assiette va *dans* le lave-vaisselle, pas *près* du lave-vaisselle. »

« Pas grave. »

« Valérie, mets tes bottes ! On annonce de la neige. »

« Pas grave. »

« Nicolas, tu n'as pas assez étudié. »

« Pas grave. »

« Tu as menti à ta sœur. »

« C'pas grave. »

« Tu as oublié ton frère au parc ?! »

« Pas grave… »

En fait, on dirait que rien n'est grave. C'est parfois vrai dans le moment présent, quand on replace le tout en perspective, mais mon but est de pousser la réflexion plus loin. Qu'est-ce qui arrive quand plus rien n'est grave ? On devient blasé. Tout sens de décorum disparaît. Rien ne nous passionne. On exécute nos tâches à moitié. On se défile. On n'est pas fiable. On devient médiocre. On ne développe pas notre potentiel. On végète. On est lâche.

Exit tous les sentiments associés à la fierté, au sens de l'accomplissement, à la satisfaction rattachée au travail bien fait.

Je trouve triste que des enfants soient privés de cette récompense, cette avalanche de sentiments positifs parce que l'entourage n'a pas jugé bon de leur répondre que oui, c'est grave ! Le geste en soi n'est souvent pas lourd de répercussions, mais ce dont on prive l'enfant, c'est de développer sa gamme d'émotions, d'ajouter des nuances à ses attitudes, de s'ouvrir sur le monde au lieu de rester centré sur son petit moi.

Pensez voyage dans le sud. Destination de votre choix. Vous voyez l'océan et buvez des yeux ses couleurs qui se déclinent à l'infini : bleu d'encre, indigo, sarcelle, saphir, marine, turquoise, cobalt, électrique, céleste... Vous remarquez ensuite la riche végétation qui s'inscrit dans des tons de vert, émeraude, asperge, menthe, pomme, malachite, glauque, bouteille, sauge, mousse... N'est-ce pas un délice pour les yeux ? Et si tout cela vous était ôté pour que votre vie ne soit décorée que des trois couleurs primaires, soit le jaune, le rouge et le bleu. Ne manquerait-il pas quelque chose de riche ?

Accepter la réponse « C'pas grave » pourrait condamner notre enfant à cet univers. Il y a tout un monde à découvrir, lequel n'est pas accessible à ceux qui se barricadent derrière cette petite phrase. « C'pas grave » est en voie d'appauvrir notre tissu social en détruisant les conventions, petit à petit. Il m'arrive régulièrement d'en prendre conscience lorsque je constate l'attitude de certains adolescents sur le marché du travail. Par exemple, l'épicerie. Lorsque je passe à la caisse, particulièrement la fin de semaine ou en soirée, il est fréquent de voir la caissière et l'emballeur en pleine discussion au sujet de leurs dernières frasques. Ils ralentissent à peine pour reconnaître la présence d'un client et exécutent leur tâche à la va-vite. On a l'impression de les déranger. Pas de contact visuel, ils ne me saluent pas. Je dois être attentive pour attraper, quelque part dans leur verbiage, les quelques phrases qui me sont destinées : avez-vous vos sacs ? Débit ? Un retrait ? Avec le temps, j'ai appris à jeter un coup d'œil sur le reçu avant de sortir du magasin, parce que les erreurs m'apparaissent de plus en plus fréquentes. Tout le monde y perd : les clients et les commerçants !

C'pas grave. Une espèce de nonchalance chronique et contagieuse. Pourtant, je remarque aussi d'autres jeunes, tellement à leur affaire. Quand je dois faire un arrêt chez Métro en fin de soirée, si possible et quand elle est là, je passe toujours à la caisse de la jeune Émilie. Elle me salue, elle est consciente que son patron la paie pour son temps, elle ne fait pas de social avec ses collègues quand un client se tient devant elle. Elle est consciencieuse et fait bien son travail. Je l'apprécie. J'imagine que son éthique de travail provient en grande partie de son éducation à la maison. Ses parents n'ont probablement pas laissé passer toutes les remarques «c'pas grave». Ils lui ont certainement montré à finir ce qu'elle avait commencé, à bien faire son travail, son activité, son projet, quel qu'il soit. Je ne peux que les en féliciter!

Or, le «c'pas grave!» de nos enfants n'est parfois qu'une imitation plus ou moins convaincante du modèle parental. Dernièrement, je me suis encore retrouvée dans une salle d'attente pour un rendez-vous médical. Une jolie maman est arrivée avec sa fillette de deux ans. La petite était pleine d'énergie: elle n'en finissait plus de crier de joie, alors que sa mère murmurait des «Chut!» bien inutiles. Or, la jeune femme semble avoir raté une belle occasion de commencer l'éducation sociale de sa fille: elle chatouillait, taquinait, excitait sa fille pour ensuite essayer de la faire taire. Elle aurait voulu semer la confusion qu'elle ne s'y serait pas prise autrement! De plus, elle répétait à sa fille: «Tu dois arrêter de crier, sinon la madame va te taper les fesses. Tu veux te faire taper les fesses?» Et la petite de répondre d'une voix geignarde... «Noooonnnn!» Mon cœur s'est arrêté un moment, j'espérais que «la madame», ce n'était pas moi! Mais non, il s'agissait plutôt de la secrétaire. Donc, si on récapitule:

- Maman excite, chatouille et stimule la petite qui rit, crie et court partout;

- Maman se contredit et répète des «Chut» pas du tout convaincants;

- Maman délègue sa responsabilité parentale à la secrétaire et fait croire à sa fille que l'inconnue derrière le comptoir a le pouvoir et l'autorité requis pour taper les fesses de la petite...

Confusion, vous dites? J'extrapole encore une fois. Si la mère continue sur cette voie, les symboles d'autorité viendront toujours de l'extérieur de la maison et la petite croira que sa mère est sa meilleure amie, là pour la faire rire et complice dans ses mauvais coups, tout cela sans se faire prendre.

Vous ai-je dit à quel point j'ai hâte de lui enseigner ?...

Comment contribuons-nous, bien involontairement, je le conçois, à faire en sorte que nos enfants deviennent insouciants ? Peut-être la source se trouve-t-elle dans nos interventions tronquées lorsqu'ils sont petits.

Rachel se trouvait chez son amie, France, qui est mère d'une jolie petite fille. C'était une belle journée d'été et tout le monde prenait l'apéro à l'extérieur, sur le patio. Flavie, la petite, jouait dans la tente qu'on avait installée dans la cour. Vint le moment de souper et France ordonna à Flavie de rentrer. « N'oublie pas de zipper la fermeture éclair de la porte ! » Flavie sort de la tente, laisse la porte ouverte et se dirige vers la maison. France répète sa consigne : « Flavie, ferme la porte avant de t'en venir ! On ne veut pas d'insectes dans la tente ! » Flavie continue de gambader en faisant une petite moue, regardant brièvement la tente avec un petit haussement d'épaules. Elle ignore l'ordre de sa mère. France soupire et abandonne la partie.

Ce n'est qu'un détail, direz-vous, pourtant ce sont des petits moments comme celui-ci, où on choisit de décrocher, qui rendent notre travail si pénible à l'adolescence. Comme dans toutes choses, les soins, la rigueur et la ténacité sont encore plus importants lors de l'implantation d'un système. Quand on est parents, tout ce qu'on fait durant la petite enfance sera reflété à l'adolescence, le meilleur comme le pire. Dans le cas de France et de Flavie, l'adolescence de la jeune fille est pénible pour tout le monde parce que celle-ci a un comportement très fuyant et peu fiable. Il aurait été important que France n'abandonne pas lors de l'événement de la tente, comme lors de centaines d'autres événements depuis la naissance de la petite où France a accepté que sa fille n'obéisse pas. Il faut comprendre que ce n'est pas le *sujet* de l'altercation qui est important, c'est le comportement attendu qui l'est, puisque c'est celui-ci qui est transférable. Par exemple (et c'est le cas dans la relation entre France et Flavie), étant donné que France a à peu près toujours accepté que Flavie désobéisse lors de consignes banales (ranger ses vêtements, fermer la porte, mettre la table, finir ses devoirs, vider le lave-vaisselle, passer l'aspirateur, etc.), Flavie a transféré cette permission tacite partout. Maintenant adolescente, elle ne respecte pas davantage les consignes de sa mère en ce qui a trait à ses sorties : elle revient à la maison plus tard que son couvre-feu, elle n'informe pas sa mère de sa destination, elle ne répond pas toujours à son cellulaire quand elle voit le nom de sa mère y apparaître, etc. Évidemment, il n'y a pas plus de conséquence maintenant qu'il n'y en a eu lorsque Flavie a ignoré l'ordre de sa mère de fermer la porte de la tente. Nul besoin de préciser que France est terriblement malheureuse et angoissée. Elle craint pour la sécurité de sa fille, qui ne comprend pas pourquoi sa mère stresse comme ça ! Flavie ne voit pas du tout ce qu'elle fait de mal : dans sa tête, elle agit de la même façon que lorsqu'elle était petite. Ça ne dérangeait pas France quand Flavie n'obéissait pas à cette époque, pourquoi serait-ce différent maintenant ?

À mon avis, il est fondamental que l'on se rende au bout de nos interventions avec nos enfants. Quand ils sont petits, ça doit être simple, ne leur demandons pas des choses qui sont au-dessus de leurs capacités. Par exemple, après avoir joué avec des blocs, on leur demande de tout ranger dans le bac et on n'accepte pas qu'ils sortent un autre jeu avant qu'ils ne se soient acquittés de leur tâche. Au coucher, on leur demande de mettre leurs vêtements dans le panier de lessive avant de leur lire une histoire, et on ne cède pas. C'est vraiment dans les petits événements de la vie quotidienne qu'on doit les habituer à se rendre au bout de leurs tâches. Ainsi, on augmente les chances que nos enfants transposent ce comportement aux ordres que nous leur donnerons et qui seront autrement plus importants, par exemple en ce qui a trait aux sorties, qui leur permettront de développer leur autonomie. Pour qu'on puisse être en mesure de leur faire confiance, on doit les éduquer à se rendre au bout des choses lorsqu'ils sont petits.

À titre d'enseignante, je remarque souvent des occasions ratées où parents et enseignants auraient pu travailler de pair pour mieux éduquer les enfants en bouclant les interventions, en faisant du relais éducatif. Par exemple, quand l'école demande qu'un examen ou qu'un travail soit signé, les parents devraient en profiter pour écrire un petit commentaire en plus de signer leur nom. Pourquoi ? Premièrement, cela nous donne un outil supplémentaire pour contrer les fausses signatures. Deuxièmement, cela démontre un intérêt dans le travail de votre enfant. Les « bravo » sont très importants quand il a travaillé fort et que les résultats le confirment. Si, au contraire, votre enfant n'ouvre jamais un livre, n'étudie pas et coule, signer ses échecs sans réagir cautionne son attitude. Il comprend alors que vous êtes d'accord avec son laxisme, que vous l'endossez et que vous lui donnez même la permission de continuer ainsi ! Pire encore, à ses yeux, cela confirme peut-être que vous le trouvez bel et bien stupide, comme il le pensait, et qu'il n'est bon à rien puisque vous n'osez même pas exiger un peu plus de lui ! Sa cause est désespérée, étant donné que ses propres parents n'osent même pas lui imposer qu'il ouvre ses livres, sachant d'avance qu'il va échouer... Quel sentiment horrible pour un enfant ! Quel moyen efficace pour contribuer à son décrochage scolaire...

Par ailleurs, si vous voyez votre jeune travailler, mais qu'il n'obtient pas des résultats à la hauteur de vos attentes communes, c'est une belle occasion d'ouvrir la discussion. La méthode de travail est-elle adéquate ? Comprend-il bien les consignes et les exigences de l'enseignant ? A-t-il besoin de récupération ? L'enseignant peut aussi vous guider sur les correctifs à apporter. À tout le moins, votre enfant sentira que vous êtes derrière lui, que son cheminement vous intéresse et ça, c'est une belle façon de l'aider à bâtir sa confiance en lui. Il m'est arrivé de recevoir des travaux tout chiffonnés... mais signés en bonne et due forme par le parent. J'aime bien quand les parents en font mention lorsqu'ils signent (ça m'indique qu'ils l'ont remarqué et qu'ils n'approuvent pas), ou quand ils prennent l'initiative de faire transcrire le texte à l'enfant (en signant les deux copies, soit le chiffon avec la note et la nouvelle version propre), ou encore n'importe quel geste qui fait comprendre au jeune que présenter un tel document n'est pas acceptable, que ce n'est pas respectueux. Plus l'école et la maison travaillent ensemble, plus l'éducation des enfants sera complète !

Chapitre 16

La qualité du langage

Pute, bitch, salope! Ha! ha! ha!

> *La violence, c'est un manque de vocabulaire.*
> Gilles VIGNEAULT

C'est une scène de plus en plus fréquente à l'école. Des jeunes discutent, agglutinés autour d'une table. Il est évident qu'ils sont en plein processus d'intégration sociale, ils veulent se démarquer, être différents... en étant aussi identiques que possible, ce qui n'est là que l'un des nombreux paradoxes qu'ils vivent, des incohérences qu'ils véhiculent, mais dont ils ne sont pas encore conscients. C'est normal, cela fait partie de leur développement. La rigueur intellectuelle et sociale s'apprend et se développe. Ils sont en processus.

Ce n'est peut-être pas nouveau, puisqu'on le faisait aussi, mais je remarque qu'ils s'adressent l'un à l'autre en utilisant leur nom de famille uniquement: «Hé! Béchard, je te parle! Toi, Laviolette, tu m'écœures! Venne, passe-moi ton *Liquid Paper*!» Ce n'est pas nécessairement mauvais, mais ça peut sembler irrespectueux, d'autant plus qu'ils le font de plus en plus en parlant des adultes; là se trouve probablement la différence entre notre époque et la leur. Où apprennent-ils cela? Pourquoi le font-ils? Et à quoi servent les prénoms, alors? Si on prend les médias, on remarque que les journalistes le font pour désigner des sportifs, des politiciens, parfois même des artistes. Or, ces gens jouissent d'une certaine renommée, ce qui nous permet facilement de savoir de qui il s'agit. Si je vous dis Charest, Subban, Marois, Presley, Obama, Harper une image, qu'elle soit favorable ou pas, vous vient immédiatement en tête. Nous possédons les références culturelles qui nous permettront d'identifier facilement ces gens.

L'utilisation des noms de famille est une chose, mais le message qui suit ou encore les quolibets choisis pour qualifier les amis en est une autre. Avez-vous remarqué que nos jeunes se traitent aisément de « pute, *bitch*, salope » et autres termes péjoratifs avec un grand sourire ? C'est ainsi que plusieurs s'adressent à leur meilleurs amis ! Comme adulte, comment réagissons-nous ? En fait, est-ce que nous réagissons ? Faisons-nous la même chose ? Pour refléter davantage la réalité, saupoudrons le discours de nos adolescents de termes religieux sacrés (dont ils ignorent habituellement l'origine et la signification) et de tics oraux qui caractérisent chaque génération (*genre…*) et nous avons une bonne idée de l'appauvrissement général dont souffre notre langue. Les différents niveaux de langage semblent en voie de fusionner, puisque plusieurs ne font plus les ajustements nécessaires selon l'endroit où ils se trouvent ou encore selon la personne avec laquelle ils discutent. Une amie me racontait récemment avoir été surprise du langage « religieux » du boucher. Elle faisait son épicerie, la petite musique banale en sourdine, et a entendu défiler le chapelet… Le boucher venait d'échapper quelque chose et n'a pu s'empêcher de blasphémer à voix assez haute pour que les clients l'entendent. On assiste vraiment à la banalisation des sacres. Pourtant, notre version du français standard est tellement jolie, tellement agréable à entendre. Ce n'est jamais grave de ne pas connaître le sens d'un mot, mais il me paraît triste de s'en vanter ou alors de ridiculiser le fait que quelqu'un l'utilise. Je me rappelle avoir donné une dictée dans un niveau de langage soutenu. J'ai prononcé le mot « bicoque ». Quelques élèves ont émis un grognement quelconque, l'un d'eux s'est enquis du sens du mot. Je lisais un ennui généralisé sur leurs visages. Je leur ai expliqué qu'il s'agissait d'un type d'habitation… une maison. « On peut-tu écrire maison, d'abord ? Sti qu'c'est con… » Dans une autre dictée relatant un conte de Noël, je parlais d'un « village morose »... Question qu'on m'a posée : « Morose, c'est le nom du village ? »

Bref, il ne faudrait pas mal saisir mon intention. Il n'y a pas de questions stupides et on va à l'école pour apprendre ce qu'on ne sait pas. Si on connaissait déjà tout, on n'aurait pas besoin d'étudier ! Par contre, l'attitude de plusieurs jeunes face à de nouveaux mots ou de nouveaux concepts bloque leur apprentissage. Comment réagit-on à la maison ? Si mon élève est retourné chez lui, ce jour-là, en disant à ses parents qu'il y avait le mot « bicoque » dans la dictée, ont-ils dit : « Sti qu'c'est con... a-aurait pu dire *maison*.... ces maudits profs de français, ça se pense tout le temps plusss bons que les autres ! Peuvent pas prendre des mots qu'on comprend ? On peut ben haïr le français ! » Et de sortir fièrement leur fleurdelisé pour célébrer la St-Jean le 24 juin... C'est peut-être une caricature, je dis peut-être n'importe quoi, mais si on veut être fiers d'être Québécois et de parler français, il ne faudrait peut-être pas dénigrer notre langue. L'argument que j'entends est souvent du genre « Ouin, ben on n'est pas des Français de France, nous autres ! On a ben le droit de parler *comme qu*'on veut ! » Oui, on a le droit, mais on est toujours plus convaincant, plus crédible quand on possède un vocabulaire plus élaboré et surtout, exempt de termes religieux utilisés de manière blasphématoire, alors qu'on a chassé la religion de notre culture ! Les gens qui s'expriment bien ont toujours plus de pouvoir et sont pris plus au sérieux que ceux qui manquent de mots...

Parmi tous nos faits et gestes, notre langage est l'un des nombreux traits que nos enfants intégreront et imiteront sans même y réfléchir. L'été dernier, je jouais au tennis à côté d'adolescents très habiles à manier les blasphèmes et le langage ordurier !

« Tu cherches le *fuck* ? Ben tu vas l'trouver ! s'exclama l'un d'eux.

- Câlisse, relaxe, man ! » répond l'autre.

- C't'un esti d'beau *serve*, ça !

- Tabarnack d'esti que c'est chien ça !

- *Fuck*, man, m'a t'crisser une volée! *Check* ben ça...

- Tu vas t'faire enculer par un chien!»

Ce n'était pas trop facile à suivre... Ils étaient heureux, je crois bien, de pratiquer un sport qu'ils aimaient, mais était-ce nécessaire de décrire leur jeu ainsi? C'est vraiment étourdissant d'entendre de tels échanges. Est-ce pareil à la maison?

Autre épisode vécu dans un magasin de scrap-booking... Une famille de trois, la mère, son adolescente d'au moins 15 ans et le beau-père, je crois. La mère n'en finit plus de s'émerveiller: «Oooh! Aaah! C'est beau! J'capote... As-tu vu ça? Sti, j'en veux! Ah, les belles fleurs!» La jeune fille reprend sa mère, de façon bien respectueuse: «M'man, parle moins fort! Ça dérange, y a du monde...» Et la réponse à 100 000 $: «M'en câlisse-tu assez, moé...» Charmant!

Avant même d'aborder un langage aussi coloré, je nous encourage à utiliser les mots justes avec nos enfants, à ne pas les infantiliser. Le petit qui boit de *lèlè* ou du *lolo* et qui mange des *kiki* doit apprendre deux fois le même concept! C'est vrai qu'il est mignon d'entendre nos petits développer leur langage, mais après en avoir ri un peu, ce n'est pas leur rendre service que d'utiliser *leurs* mots, car ils vont ainsi croire que c'est la bonne terminologie. Leur cerveau gaspillera de l'énergie. Je me rappelle de mon neveu qui, l'espace d'un voyage à Cuba, nous a tellement fait rire en disant qu'il nageait «en soupe de l'eau»... Il était adorable! Pour avoir enseigné une quinzaine d'années auprès des élèves de la première secondaire, je peux vous assurer de l'importance capitale d'enseigner des concepts justes la première fois. En effet, il est très difficile de défaire un apprentissage erroné: celui-ci fait partie d'une base de données auxquelles d'autres concepts sont greffés et il est beaucoup plus ardu de désapprendre pour mieux réapprendre que d'être exposé à la bonne notion du premier coup, puisque cela implique une correction des informations connexes, c'est-à-dire de celles qui s'y rattachent. On s'entend que «kiki» n'est pas la fin du monde et que ce sera une notion facilement récupérable, mais si nous prenons le cas d'un enfant élevé dans une famille possédant une faible culture et un langage très limité, le bagage avec lequel il commencera sa carrière scolaire sera déficient. Si cet enfant arrive à l'école avec *lèlè*, *lala*, *kiki*, *fuck*, *shit*, *maudit*, *sti* et j'en passe, il sera déstabilisé. Évidemment, à l'opposé, on retrouve des enfants dont les parents les ont exposés à tout et à leur contraire, qui ont déjà suivi des cours de violon, de danse, de soccer, de karaté, qui possèdent des rudiments d'anglais et d'espagnol et qui savent déjà lire... Ceux-là pourraient s'avérer un peu blasés et, aussi curieux que cela puisse paraître, amorcer leur décrochage scolaire à moins qu'on ne continue de les nourrir intellectuellement de façon abondante.

En fait, il n'y a pas de recette idéale, mais je demeure convaincue que comme parents, nous devons donner des bases solides à nos enfants, de bonnes valeurs, nous devons les exposer à des activités sportives et culturelles, contribuer à les ouvrir sur le monde et la différence, renouer avec notre histoire passée pour mieux écrire notre avenir. Or, tout cela doit être fait avec doigté et on doit rester dans la moyenne, éviter les extrêmes : ni trop, ni trop peu. Cela étant dit, nul ne peut donner ce qu'il n'a pas, d'où l'intérêt d'utiliser notre réseau, la société, de faire des lectures, d'assister à des conférences. Surtout, utiliser le gros bon sens !

Chapitre 17

La télévision, les jeux vidéo et la capacité d'attention

*Il est hélas devenu évident aujourd'hui que
notre technologie a dépassé notre humanité.*
Albert EINSTEIN

C'est inévitable, il faut en parler. La technologie a ceci de particulier qu'on n'est jamais vraiment prêt à l'accueillir lorsqu'elle fait irruption dans nos vies. Elle chambarde nos habitudes : les aînés crient au diable, les jeunes se l'approprient avec la témérité qui les caractérise, les adultes la subissent avant de s'y faire... Elle change tout. On s'en méfie, on la craint, on la diabolise, on l'apprivoise puis on lui permet d'entrer chez nous, elle s'installe, s'étend... et nous contrôle, si on n'y prend garde. Rappelons-nous de la réaction de l'auditoire lorsque les frères Lumière ont présenté leur film *Arrivée d'un train en gare de La Ciotat*, en 1896[18]. On assistait alors aux premiers balbutiements du cinéma. Les gens présents lors de ce visionnement n'avaient jamais vu des « photos qui bougent ». On dit que plusieurs sont sortis de la salle en état de panique, apeurés à l'image de ce train qui entrait à la gare. S'ils étaient toujours en vie, que diraient-ils de ce qu'on nous présente maintenant, où il est souvent difficile de distinguer la réalité de la fiction ? D'ailleurs, les films de science-fiction ont tendance à être de véritables précurseurs de ce qui deviendra réalité. On n'a qu'à penser aux inventions de Jules Verne (auteur français, 1828-1905), qui nous a présenté, dans ses écrits, plusieurs objets ou concepts pour lesquels la technologie n'avait pas encore été développée, par exemple le fameux sous-marin Nautilus dans le roman *20 000 lieues sous les mers* (publié en 1870), qui se compare

---

18. <http://www.youtube.com/watch?v=v6i3uccnZhQ>

au véritable engin *Alvin*, créé vers 1960[19]. Pensons à l'avènement de la calculatrice, du téléviseur, du téléphone, du PC, de l'Internet, de Facebook, du téléphone cellulaire... Tous ces objets visent à nous faciliter la vie, à nous ouvrir sur le monde et à nous permettre d'être en communication perpétuelle, mais répondent-ils à nos attentes? Livrent-ils la marchandise? Chose certaine, ils nous exposent très facilement à une quantité phénoménale d'informations. On clique et tout apparaît, simplement. On pourrait croire qu'il est plus difficile d'asservir un peuple, de le maintenir dans l'ignorance et de lui mentir avec tous ces outils, puisque celui-ci a la possibilité de valider la véracité de ce qui est dit. Or, rien n'est aussi simple. Plus il y a d'information disponible, plus on doit posséder de connaissances pour être en mesure d'en vérifier l'authenticité, plus on doit développer son esprit critique. Pourtant, nombreux sont ceux qui confondent avoir un esprit critique avec critiquer tout, tout, tout... De crédules que nous avons été lorsque la religion nous contrôlait par la peur, n'avons-nous pas basculé dans le scepticisme? Nous avons pourtant besoin d'un minimum de confiance les uns envers les autres si nous voulons demeurer (ou devenir...) un peuple solide.

Bon, je m'égare un peu dans mes diatribes! Revenons à notre propos premier, qui est celui de l'éducation de nos enfants. Comment la technologie est-elle en train de modifier leur

---

19. <http://news.nationalgeographic.com/news/2011/02/pictures/110208-jules-verne-google-doodle-183rd-birthday- anniversary/#/jules-verne-inventions-nautilus-submarine_32040_600x450.jpg>

développement et leur apprentissage? Pour nos enfants, il est maintenant commun, dès leur plus jeune âge, d'être exposés à la télévision.

Ils sont souvent encore dans leur berceau qu'on les installe, biberon bien en main, devant des émissions conçues expressément pour eux. *Barney, Teletubbies, Einstein Babies...* Si on prend cette dernière série et qu'on analyse un peu le rythme des changements d'image, on peut extrapoler en disant que ce n'est évidemment pas réaliste. Or, quelles sont les répercussions sur la capacité d'attention de nos enfants? On remarque que les images se succèdent à un rythme beaucoup plus rapide que ce à quoi notre génération a été habituée. Les bruits, les couleurs, la musique, tout est accentué et plus vibrant que nature. Aux quelques secondes, changement d'image, nouveau stimuli. Le cerveau en développement gobe tout cela sans rechigner, sans dire un mot. Par exemple, dans l'émission qui se passe à la ferme, il serait faux de croire qu'on aura visité l'enclos des vaches, des moutons, des cochons et des poules en moins d'une minute. En réalité, il faudrait marcher d'un enclos à l'autre, ce qui est long et fastidieux! L'enfant pourrait être très déçu lors d'une visite à la ferme, comme l'explique si bien Dr Dimitri Christakis dans sa capsule vidéo qu'on retrouve facilement sur YouTube[20]. En fait, Dr Christakis est un pédiatre et professeur faisant de la recherche au Seattle Children's Research Institute[21]. Il s'intéresse entre autres à l'impact des médias sur le développement des enfants. Les résultats de sa recherche sont très intéressants et suggèrent qu'une exposition précoce à la télévision (on parle de bambins de moins de trois ans) a des effets très négatifs sur la capacité d'attention et d'apprentissage d'un enfant ainsi que sur sa mémoire.

Par ailleurs, d'autres chercheurs arrivent à des résultats similaires et ne sont pas d'accord avec la publicité autour de telles séries pour enfants, qui veulent nous convaincre que leur produit aidera les enfants à apprendre mieux et plus rapidement... Voici un extrait d'un article du *Devoir* qui réfute l'allégation des

---

20. <http://www.youtube.com/watch?v=BoT7qH_uVNo>
21. <http://www.seattlechildrens.org/medical-staff/Dimitri-A-Christakis/>

producteurs de vidéos (avec des noms aussi évocateurs qu'*Einstein Babies, So Smart* et *Brainy Babies*):

> [...] *En fait, il semble que l'écoute de vidéos de ce genre ait un impact direct sur l'acquisition de nouveaux mots et la maîtrise du langage des bébés au moment crucial où ceux-ci commencent à nommer le monde, soit entre huit et seize mois. À cet âge, chaque heure passée devant le téléviseur fait en sorte que l'enfant maîtrisera de six à huit mots de moins que celui qui n'aura pas encore goûté aux plaisirs de l'écran cathodique passé au filtre éducatif de ces entreprises. « Le résultat net, c'est que plus l'enfant regarde des DVD et des vidéos spécialisés, plus l'effet [négatif] est notable », explique le professeur Zimmerman*[22].

En fait, rien ne remplace l'interaction humaine, surtout pas une émission télévisée. Dr Christakis affirme que nous avons le pouvoir soit de nuire au potentiel d'attention d'un enfant, par exemple en l'exposant dès le berceau à la télévision, soit de l'aider afin de maximiser les capacités du cerveau humain. Cette dernière option est évidemment la plus intéressante et la plus constructive, et je souhaite que tous les jeunes adultes désireux de mettre un enfant au monde aient la chance de croiser cette information au moment propice pour mieux échapper à cette vague de popularité des émissions qui promettent de transformer notre progéniture en génies ! Toujours selon Dr. Christakis, ce qu'on peut faire de mieux pour notre bébé est à la portée de tous, puisque c'est ce qu'il y a de plus simple : de la stimulation cognitive prenant la forme d'un contact régulier et aimant avec les parents qui prendront le temps de lire des histoires, de chanter des chansons, de jouer avec des blocs, bref, de faire des activités qui se déroulent en temps réel et non un visionnement d'événements fictifs qui faussent les données du temps, voire des activités présentées de façon frénétique et irréalistes [23].

---

22. <http://www.ledevoir.com/societe/medias/152750/la-tele-educative-au-berceau-un-leurre>
23. < http://www.youtube.com/watch?v=BoT7qH_uVNo>

S'ajouteront éventuellement les jeux vidéo où, encore là, les images défilent à un rythme fou, gardant tous les sens en alerte, la musique endiablée stimulant l'adrénaline et excitant les neurones... La violence est souvent banalisée. Certains diront que dans leur temps, ils jouaient dehors aux cowboys et aux indiens, fusils bien en main ; quelle est la différence ? Sans être experte sur la question, je dirais que le jeu en « vrai » avait le mérite de sensibiliser les jeunes aux effets de leurs gestes. Par exemple, on faisait semblant de faire « pow-pow », l'autre faisant semblant de mourir, mais si, par inadvertance, on frappait vraiment notre ami avec le fusil, la flèche ou le bâton et qu'on le blessait, on avait sa réaction LIVE : il pleurait, se fâchait, saignait, avait un bleu, sa mère nous engueulait... Avec les jeux vidéo, on peut « tuer » froidement des centaines de zombies ou autres intrus avec comme unique répercussion la valorisation de voir nos points augmenter ! Qu'est-ce que cela fait à la capacité d'empathie de nos enfants ? Il va de soi que rien n'est aussi simple que d'affirmer que les jeux vidéo produisent des tueurs en série, des terroristes et tutti quanti. En effet, certains humains qu'on pourrait peut-être qualifier de « défectueux » ont toujours, de toutes les époques, été capables d'actes aussi horribles que barbares envers leurs semblables, mais on pourrait espérer que la race humaine ait le potentiel de devenir de plus en plus civilisée, de moins en moins cruelle. Au nom de la liberté d'expression, on ne veut pas se censurer, mais quel bien peut sortir de ces jeux ? Les tueurs de la tragédie qui s'est déroulée à l'école secondaire Columbine à Littleton au Colorado, en 1999, s'étaient entraînés à tirer à l'aide de jeux vidéo. Idem pour les kamikazes des attentats terroristes du 11 septembre 2001 à New York et à Washington qui, eux, ont pris des cours de pilotage et se sont exercés sur des simulateurs de vol de Boeing 747[24]. On pourrait également parler d'Anders Behring Breivik, auteur du carnage ayant fait 77 victimes innocentes à Oslo (Norvège) en 2010, lui aussi adepte des jeux vidéo[25]. Au printemps 2012, c'est au tour de Luka Rocco Magnotta de faire les manchettes

---

24. <http://www.lexpress.fr/actualite/monde/amerique/11-septembre-comment-les-terroristes-ont-organise-le-massacre_1020413.html>

25. <http://www.lemonde.fr/technologies/article/2011/07/25/le-jeu-video-eternel-bouc-emissaire-des-tueries_1552692_651865.html>

131

après avoir tué et démembré sa victime, scène qu'il a filmée et mise en ligne, et que le propriétaire d'un site web gore refuse de retirer de la Toile[26]… Or, encore une fois, des études ont été faites, et aucune ne semble avoir été en mesure de prouver un lien direct de cause à effet, une de ces enquêtes ayant même été commandée auprès du Congrès par le président américain Bill Clinton suite aux événements de Columbine[27]. Il va de soi que ce sont des cas complexes et qu'il faut éviter de tirer des conclusions simplistes, mais on peut quand même se poser des questions. Tous les jeunes qui jouent à des jeux vidéo violents ne deviennent pas des tueurs, cela paraît évident, mais y a-t-il des avantages à exposer nos enfants à des images aussi violentes ? Quel est l'intérêt ?

En fait, la liste est très longue, tous en conviendront, et il est difficile de ne pas être exposé un tant soit peu à ces événements. Cependant, comme parents, quelle est notre responsabilité ? Premièrement, il n'est pas question de revenir en arrière. La technologie est là pour rester, il est impossible de vivre comme en 1950. On ne peut protéger nos enfants de tout en les empêchant d'utiliser les appareils qui caractérisent leur époque. La censure n'est pas la réponse. Or, nous avons le devoir de choisir ce qui entre dans notre maison et à quel moment cela se fera. S'il n'y a pas vraiment de mal à permettre à notre petit de visionner une quinzaine de minutes d'une émission pour enfants à l'occasion (idéalement après l'âge de trois ans), c'est lorsque la télévision devient une gardienne que l'on dérape. Encore une fois, ni TROP, ni TROP PEU. On vise le milieu, on utilise notre jugement et notre gros bon sens. Il faut garder en tête que plus un jeune enfant est exposé à des émissions aux images rapides, plus sa capacité d'attention risque de diminuer. À ce sujet, plusieurs recherches tendent à démontrer un lien direct, mais non exclusif, entre le trouble déficitaire de l'attention avec ou sans hyperactivité (TDAH) et les heures passées soit devant la télévision, soit

---

26. < http://www.lapresse.ca/actualites/quebec-canada/justice-et-faits-divers/201205/31/01-4530457-affaire-magnotta-un-site-web-gore-refuse-denlever-la-video-du-meurtre.php>
27. Ibid.

devant les jeux vidéo[28, 29]. Les experts s'entendent pour dire qu'il est difficile de donner un nombre d'heures précis où tout bascule, mais que plus d'une heure ou deux par jour devant ces appareils pourrait avoir des répercussions sur la capacité d'attention d'un enfant.

Comment cela se traduit-il en classe ? Les enseignants qui exercent leur métier depuis assez d'années pour avoir été témoins des changements au niveau des avènements technologiques vous diront qu'il est de plus en plus difficile de capter et de conserver l'attention des élèves pour de longues périodes de temps. Ce n'est pas une règle absolue, mais normalement, la capacité d'attention soutenue et continue va de pair avec l'âge des enfants : 12 minutes à 12 ans, 15 minutes à 15 ans, etc., période après laquelle il est préférable de changer d'activité. Quand j'ai commencé à enseigner en 1992, il était spécial de faire écouter un extrait sonore (cassette oblige…) ou visuel (grand branle-bas de combat pour obtenir et installer le projecteur et les bobines de film, ou encore le téléviseur et le lecteur VHS…). Le rétroprojecteur était un moyen accessible pour présenter un élément visuel plus vivant

28. <http://archive.news.iastate.edu/news/2010/jul/TVVGattention>
29. <http://www.radio-canada.ca/nouvelles/sante/2011/09/14/003-deficit-attention-accueil.shtml>

avec de la lumière, mais on préparait aussi des cartons que les élèves pouvaient manipuler, déplacer ou coller au tableau avec de la gommette. Les craies de couleur faisaient fureur ! Petit à petit, l'ordinateur s'est installé dans nos vies avec le projecteur, puis le tableau blanc interactif, l'Internet en classe (donc possibilité de ponctuer l'enseignement d'extraits vidéo, de reportages, d'images d'œuvres d'art, de démonstrations sportives, etc.). Le laboratoire multimédia s'est perfectionné, les élèves ont pu produire eux-mêmes des montages audio (style émission de radio) ou audio-visuel (par exemple, reportage ou court film). Avec toutes les possibilités qui nous sont offertes, on serait porté à croire que ça doit être fabuleux, que les élèves doivent être tellement plus motivés et attentifs durant les explications, en pensant à la technologie qu'ils manipuleront sous peu pour produire leur projet ! Pour certains élèves c'est le cas, mais c'est loin d'être la majorité. La patience n'est tout simplement pas au rendez-vous. On veut commencer, tout de suite ; les explications ne sont pas intéressantes et nous embêtent ! Si on comparait le processus à celui d'un cours de conduite, c'est comme si, au tout premier cours, le jeune prenait place immédiatement derrière le volant, sur la route, sans notions théoriques pour comprendre et anticiper ce qui s'en vient. Apprendre sur le tas, quoi, avec essais et erreurs ! C'est une méthode d'apprentissage comme une autre, peut-être bonne pour les autodidactes, mais il est essentiel d'être capable de s'assoir, de recevoir les consignes et de comprendre un peu le projet avant de commencer. Prenons encore une fois l'image de la voiture. A-t-on idée de commencer à avancer avant de connaître la destination ?

À ce sujet, je me permettrai une dernière incursion dans la recherche de Dr Christakis en vous relatant une de ses études qui portait sur les répercussions d'une exposition précoce à la télévision. Il a simulé de telles conditions auprès de souris. Le test était le suivant : il plaçait tour à tour une souris non exposée au stimulus (disons la souris A) puis une souris stimulée par la télévision (souris B) à l'intérieur d'une boîte dans laquelle il avait déposé deux objets inconnus, puis une caméra enregistrait le mouvement des souris. Le but était de voir comment les souris allaient procéder pour explorer les nouveaux objets dans leur environnement.

Une heure plus tard, même exercice, mais on avait remplacé un des deux objets par un nouvel objet, afin de vérifier si les souris se rappelaient de l'objet familier. Les résultats étaient très intéressants. Dans le premier test, la souris A a exploré les deux nouveaux objets d'une manière qu'on pourrait qualifier de prudente, passant autant de temps autour d'un objet que de l'autre, mais encore plus à longer les quatre murs de la boîte. L'exploration de la souris B était beaucoup plus téméraire, plus de mouvement, elle a visité les deux objets aussi en temps égal.

Dans le second test, les résultats sont encore plus différents. La souris A a passé peu de temps autour de l'objet familier, puisqu'elle s'en rappelait, et plus de temps à explorer le nouvel objet. Quant à la souris B, c'est comme si le premier test n'avait jamais eu lieu. Elle a passé autant de temps près de l'objet familier que du nouvel objet, puisqu'elle ne se rappelait pas du premier. Elle traitait les deux informations comme si celles-ci étaient nouvelles, aucune distinction n'était faite[30].

Retournons en classe. Ce que de nombreux collègues ainsi que moi-même avons constaté dans les dernières années, c'est que les connaissances ne semblent pas «coller» auprès de nos jeunes, à tout le moins, elles collent beaucoup moins qu'avant. Les jeunes sont curieux, ont soif de découvrir et sont toujours aussi intelligents, mais ils nous paraissent «éparpillés». Les enseignants tentent de s'adapter à tout, aux nouveaux programmes autant qu'à la nouvelle clientèle et se creusent la tête pour mieux utiliser la technologie, varier les méthodes d'enseignement, créer de nouvelles activités ludiques, solidifier les connaissances, parfaire les compétences, (r)accrocher les jeunes à l'école, les motiver... mais un certain découragement s'installe, autant chez nos adolescents que chez nos professeurs, qui arrivent à une conclusion dérangeante: ça ne colle pas! Les jeunes diront que c'est plate, qu'ils voient toujours la même chose; les enseignants diront qu'il est difficile d'aller plus loin, que la base n'est pas maîtrisée. Comment allons-nous nous en sortir? Je repense aux souris, et je me dis que

---

30. <http://www.youtube.com/watch?v=BoT7qH_uVNo>

nous devons à nos enfants de revoir nos pratiques lorsqu'ils sont bébés. La prochaine génération doit profiter de nos constats, de nos connaissances et nous avons le devoir de faire mieux.

Enfin, si je me permets de conclure ce long chapitre sur la technologie, je dirai que celle-ci fait partie de nos vies et qu'elle est quand même là pour rester. Il serait impensable de la bannir. Cependant, il m'apparaît nécessaire de gérer l'exposition faite aux enfants, de choisir ce qu'ils vont regarder ou les jeux auxquels ils vont jouer, et d'être à l'affût des nouvelles recherches quant au temps d'écoute inoffensif. Les diagnostics de TDAH sont de plus en plus fréquents. On croit que ces troubles ont toujours existé et qu'on est simplement devenus meilleurs à les reconnaître et à les identifier, ce qui explique en partie les statistiques à la hausse des cas répertoriés, mais d'autres facteurs environnementaux, sur lesquels nous avons heureusement du contrôle, semblent aussi entrer en ligne de compte. Nous devons à nos enfants d'être vigilants et rigoureux, surtout lorsqu'ils sont très jeunes, puisque cette période correspond à un moment crucial dans le développement de leur cerveau, mais aussi plus tard, lorsque l'ordinateur sera une fenêtre de choix sur le monde et qu'il représentera un facteur important dans le développement de leurs habiletés sociales par le biais des réseaux sociaux, notamment Facebook.

Chapitre 18

Le cellulaire et les autres outils de communication

C xlt pr dm1, suis tro happy pr le 6né [31] !

> *Si la technologie de communication est de plus en plus développée, pourquoi sommes-nous chaque jour plus sourds et plus muets ?*
> Eduardo GALEANO

La scène est typique. Vous êtes au restaurant et jetez un coup d'œil à vos voisins de table. À votre droite, une petite famille de quatre. L'adolescente, une quinzaine d'années, est vissée à son cellulaire, les pouces volant à toute allure pour « texter » des messages à ses amis. Le jeune garçon, environ neuf ans, est obnubilé par son DS et mets tous ses efforts à performer pour obtenir le plus de points possible, ce qui lui permettra de changer de niveau dans son jeu ! Les parents ignorent leurs enfants.

À votre gauche, quatre jeunes adultes, quatre cellulaires sortis, chacun parle ou texte à quelqu'un qui n'est pas au restaurant, mais ignore l'humain assis tout près.

Un peu plus loin, un couple semble passer un bon moment, belle discussion... puis le cellulaire de monsieur sonne et le contact avec sa douce est brisé puisque, selon la convention

---

31. En langage texto: *C'est excellent pour demain, je suis trop heureuse pour le cinéma !*
Le langage texto de A à Z - Magicmaman.com

sociale actuelle, l'appareil portable a préséance sur les gens qui sont présents.

Près de la fenêtre, deux amies partagent un repas, leur cellulaire bien en vue à la droite de leur couteau. Elles se parlent, mais ont chacune l'œil sur leur téléphone, sur lequel elles tapotent régulièrement pour alimenter une autre conversation avec un interlocuteur invisible.

Derrière vous, un serveur s'approche d'une table de six et commence à prendre les commandes. Il est presque rendu au dernier client lorsque le cellulaire de celui-ci sonne... le client répond, laissant en plan le serveur au beau milieu de sa phrase.

Êtes-vous surpris? Peut-être agissez-vous de la même façon... à l'occasion. La technologie débarque habituellement dans notre vie sans crier gare et elle chamboule nos habitudes beaucoup plus rapidement qu'on ne l'aurait cru. Le cellulaire est un outil merveilleux et fantastique pour les parents. Je me rappelle quand nos filles ont commencé à être assez vieilles pour qu'on puisse se permettre de les laisser seules un peu, une vingtaine de minutes, le temps d'aller chercher du lait, par exemple, ou de faire une courte épicerie. Le cellulaire représentait alors une prolongation du cordon ombilical, une espèce de ligne de survie qui nous permettait de garder un contact virtuel avec notre progéniture et qui leur assurait une certaine sécurité. Quel bonheur pour nous de récupérer ce brin de liberté! Les vertus et avantages du cellulaire sont nombreux et variés et, sincèrement, je ne voudrais plus m'en passer.

Voici où le bât blesse... Les conventions sociales ne s'adaptent jamais assez rapidement à l'implantation des nouvelles technologies. Cet objet s'est implanté dans nos vies: il est petit, utile, facile à dissimuler. Il est partout, pour le meilleur et pour le pire. Grâce à lui, on peut prendre des photos aussi nobles qu'horribles, que ce soit en situation de crise ou lors d'un moment magique, permettant d'arrêter des voyous qui font du grabuge, mais aussi d'immortaliser des bourdes qu'on voudrait oublier, ces fameuses « erreurs de jeunesse »... Or, les affiches se multiplient un peu partout pour interdire l'utilisation des cellulaires (hôpitaux, salles d'attente, avion...). On n'est pas près d'en voir la fin.

Dans la plupart des écoles, les cellulaires sont interdits en classe... ce qui n'empêche pas les jeunes d'en avoir en leur possession. Ils ne veulent pas laisser l'appareil dans leur case parce que celui-ci coûte trop cher. C'est même le conseil que leur donnent leurs parents, parfois. D'ailleurs, certains d'entre eux ne se gênent pas pour envoyer un texto à leur enfant au beau milieu d'un cours, en plein avant-midi! Et lorsque le méchant enseignant confisque l'appareil, plusieurs (autant les parents que les jeunes) hurlent de frustration et négocient très fort... Le pauvre petit travaille ce weekend, comment son employeur pourra-t-il le rejoindre? L'adolescent passe la fin de semaine à faire du ski avec ses amis : ses parents doivent être capables de le contacter!

Évidemment, il appartient à chaque famille de déterminer son code de conduite, mais il serait intéressant que nous développions un code d'éthique dans notre société. Posons-nous la question : à quel âge un jeune a-t-il « besoin » d'un cellulaire? À mon avis, aucun enfant ne devrait être propriétaire d'un téléphone alors qu'il est encore au primaire, ni même dans ses premières années du secondaire. Il n'a pas encore la maturité nécessaire pour éviter les pièges qui s'y rattachent. N'oublions pas qu'on peut maintenant tout faire avec ces appareils. Nous éviterions bien des cas d'intimidation et d'humiliation si nos enfants n'étaient pas équipés d'outils aussi puissants à un âge aussi précoce. Pour quelques jeunes mal intentionnés, cela devient un jeu que d'inventer un scénario dans lequel l'enfant x sera manipulé au point de se trouver dans une situation fâcheuse. Une photo sera prise et le chantage commencera : tu dois faire telle chose (voler, me donner de l'argent, dire telle chose, insulter telle personne, etc.), sinon je télécharge ta photo sur Facebook ou YouTube... Ce sont de tels événements qui placent nos jeunes dans une grande détresse psychologique et qui les poussent parfois à commettre l'irréparable.

Alors comme parents, je vous le demande : pourquoi achetez-vous un cellulaire à vos enfants ? Le but premier est habituellement noble : on veut être capables de rejoindre notre enfant en tout temps. Or, ceci procure un faux sentiment de sécurité. Le jeune peut bien répondre au téléphone et vous dire ce que vous voulez entendre pour vous rassurer, mais rien ne garantit qu'il soit vraiment là où il prétend se trouver. Alors, même si cette raison d'acheter un cellulaire est louable, il faut penser plus loin. Est-ce le seul moyen de garder contact ? Euh... non ! Mais surtout, il faut penser aux répercussions. L'enfant est-il prêt à assumer la responsabilité de cet appareil ? Qui paiera les frais mensuels ? Cet argent pourrait-il être mieux utilisé autrement (REEE, par exemple...) ?

Finalement, il est possible que toutes les raisons soient bonnes et que l'achat d'un cellulaire soit une décision appropriée pour vous. À ce moment-là, d'autres questions très importantes *doivent* être posées, et on doit prendre le temps d'en discuter ensemble pour trouver des réponses qui nous conviennent, comme famille. Ces questions peuvent être semblables à celles que l'on soulève pour que notre jeune ouvre son compte Facebook. En voici un échantillonnage intéressant, mais assurément incomplet :

- À qui peut-on envoyer des textos ?

- Quand peut-on utiliser son cellulaire ?

- Peut-on l'apporter à l'école ?

- Quels sont les règlements de l'établissement face aux téléphones portables ?

- Qui assumera les conséquences en cas d'infraction aux règlements ?

- Est-il acceptable de prendre des photos de la famille, des amis, d'inconnus ?

- Peut-on télécharger ces photos sur Facebook ou YouTube ?

- Est-ce que ça prend une permission des gens qui se trouvent sur la photo pour le faire?

- Est-ce acceptable de prendre des photos osées, des photos de toi ou de tes amis nus, ivres?

- Peut-on les télécharger?

- Quelles sont les conséquences possibles?

- Peut-on texter ou parler au cellulaire à table, en famille? Au restaurant? Dans la voiture? En conduisant? Au cinéma? Durant un spectacle?

- Est-il acceptable de ne pas répondre quand tes parents appellent?

- Est-il acceptable de ne pas répondre quand tes amis appellent?

- Jusqu'à quelle heure est-il convenable d'appeler quelqu'un?

- Quand devrait-on fermer notre cellulaire?

- Le cellulaire peut-il être dans la chambre de l'enfant pendant la nuit?

- Quelle est la place du cellulaire quand on est avec des gens en chair et en os?

- Le téléphone qui sonne a-t-il priorité sur tout?

- Etc.

Peu de gens prennent le temps de réfléchir à ces questions, qui sont pourtant d'une importance capitale. Même nous, comme adultes, avons probablement acheté l'appareil sans trop songer à l'utilisation précise qu'on en ferait. Normalement, nous avons assez de jugement pour faire les ajustements nécessaires... mais nous n'avons qu'à voir la multiplication des nouvelles lois visant à encadrer l'utilisation des cellulaires pour comprendre que ce n'est pas nécessairement le cas. Il n'est jamais trop tard pour modifier nos comportements!

Chapitre 19

L'impact de la téléréalité sur la sexualité des adolescents

Des perles issues de la téléréalité...

- « C'est pas au vieux singe qu'on apprend à faire des limaces. » John-David, philosophe, *Secret Story 2*;

- « Je suis têtue comme une moule ! » Daniela, mollusque, *Secret Story 3*;

- « Mes cheveux, j'aimerais qu'ils soient tout raides, comme ceux des oiseaux. » Kamel, poète animalier, *Loft Story 2*;

- « J'ai été pompeuse d'essence. » Angela, femme libérée, *Loft Story 2*;

- « Tu les emmerdes avec un grand A. » David, maitre Capello, *Loft Story 2*;

- « Il a eu la bonne réponse tout de suite : ça ne m'étonne pas de lui, il a beaucoup de culturisme. » Alice, copine d'Angela, *Secret Story 2*;

- « C'est pas l'âge qui fait le moine. » Elisha, religieuse, *Star AC 6*;

- « C'est plus compliqué de voir que d'un œil quand on a l'habitude de voir avec les deux. » Alain, pas si con, *Koh-Lanta 8*;

- « C'est utile les agriculteurs, c'est avec leur lait qu'on fait le pain. » Sandra, femme engagée, *Loft Story 2*;

- « C'est dur d'être filmé 7 jours sur 24 ! » Hayder, homme traqué, Secret Story 2[32].

Le XXIe siècle a vu naître le phénomène des téléréalités, avec tout ce que cela comporte de merveilleux, de sublime et de bizarre. Bien que certaines séries, qui s'appuient sur les talents véritables des participants, puissent être intéressantes, d'autres mettent en vedette des gens qu'on n'aurait jamais choisi de mettre à l'avant-scène, à une autre époque ! À tout le moins, ils seraient apparus sur notre petit écran grâce à la plume d'un auteur, en jouant un rôle ; il aurait alors été permis de croire que l'acteur derrière le personnage était plus... allumé. Or, certains des abrutis qu'on nous présente depuis l'avènement de la téléréalité ne contribuent pas toujours à glorifier les humains. On pourrait même en arriver à se demander si on est vraiment une race supérieure ! La capacité de réflexion de ces gens est au mieux, médiocre, et il leur arrive de manquer sérieusement de jugement ou de maturité... Malheureusement, ce sont souvent les nouveaux modèles de nos jeunes. De 2003 à 2007, Paris Hilton[33] et Nicole Richie[34] ont été les vedettes de l'émission *The Simple Life*[35], dans laquelle elles vivaient des expériences fort différentes de celles qu'elles avaient connues jusque-là dans leur enfance choyée. En effet, les deux jeunes femmes riches et célèbres, habituées à une vie de jet-set, passaient de courts séjours dans des familles ou chez des employeurs de la classe moyenne, au mieux. Elles devaient se débrouiller avec les moyens du bord, ce qu'elles ont fait en plongeant allègrement dans leur registre de filles délurées, souvent irrespectueuses, irresponsables, où les disputes et les insultes étaient légion. Les simples gens qui les accueillaient faisaient souvent rire d'eux comme s'ils étaient des imbéciles. Au sommet de sa popularité, la série était suivie par 12 millions de téléspectateurs. Encore là, je nous ramène au parallèle que j'ai fait dans un

---

32. <http://www.topito.com/top-10-des-perles-de-la-tele-realite-un-bonheur-simple>

33. Mannequin, chanteuse, actrice et jet setteuse américaine née en 1981. Aussi une des héritières de la chaîne d'hôtels Hilton.

34. Actrice, auteure, chanteuse et styliste américaine née en 1981. Fille adoptive du chanteur Lionel Richie.

35. Émission de téléréalité américaine diffusée de 2003 à 2007. Elle a aussi été traduite et diffusée au Québec et en France.

chapitre précédent sur la multiplication des James Dean : si tout le monde embarque dans la désobéissance civile et la rébellion, rien ne va plus ! Les paparazzis ont d'ailleurs fait leurs choux gras en pourchassant les jeunes vedettes quand les caméras arrêtaient de tourner, les frasques nocturnes de Paris et Nicole s'avérant encore plus juteuses que ce qu'elles tournaient pour l'émission. Paris a fini par faire un séjour en prison, ce qui semble l'avoir calmée un peu...

Nicole et Paris sont loin d'être les seules à avoir agi de cette façon. De nombreuses jeunes vedettes semblent passer dans le même moule, qu'on parle de Lindsay Lohan[36], Britney Spears[37] ou Ke$ha[38]. Par chez nous, plusieurs jeunes ont étalé leur attirail de séduction sur la place publique par le biais d'émissions telles que Loft Story[39] ou Occupation double[40]. Or, quelles sont les répercussions sur nos jeunes adolescentes ? Le look quasi uniforme avec cheveux longs raides, énormes lunettes de soleil, air désabusé, cocktail en main, vêtements hyper sexy préférablement griffés, abus de drogues et d'alcool, photos suggestives... L'hyper sexualisation de nos jeunes filles crève les yeux. Je me rappelle avoir vu, en magasin, une collection de strings pour les 7-14 ans... Les soutiens-gorges pour les adolescentes qui amorcent leur puberté sont déjà décorés de dentelles ou de simili cuir, de mots suggestifs ou de messages invitants, voire d'images à double signification (les cerises...). Des bannières telles que La Senza les courtisent dès leur plus jeune âge... et on achète ! Je me rappelle des trois choix qu'on offrait à ma génération : soutien-gorge beige, blanc ou noir. C'était tout ! On était rebelles quand on réussissait à se faire acheter par maman des petites culottes avec une coupe légèrement bikini au lieu du parachute en coton qu'on nous proposait ! Évidemment, ce qui permet à de telles collections d'exister est le fait que les mamans les achètent. Encore une fois, il faut prendre le temps de

---

36. Actrice et chanteuse américaine née en 1986.
37. Chanteuse et danseuse américaine née en 1981.
38. Chanteuse américaine née en 1987.
39. Émission de téléréalité québécoise (inspirée de la version néerlandaise Big Brother ; il y a aussi eu une version française en 2001-2002) diffusée de 2003 à 2009.
40. Émission de téléréalité québécoise diffusée depuis 2003.

se poser les bonnes questions : à quoi ça sert de porter un string sexy quand on a 10 ans ? Quel est le but ? Pourquoi acheter un soutien-gorge qui rehausse les seins, les fait paraître plus gros et les met en valeur à notre jeune fille de 12 ans ? Quel message veut-on qu'elle projette ? Est-elle équipée psychologiquement pour faire face aux regards des garçons ou des hommes, aux commentaires à saveur sexuelle, aux tentatives de séduction que son look pourrait inviter ? Plus important, est-il vraiment nécessaire de la placer si jeune dans des situations où elle risque d'être confrontée à une sexualité précoce ? Je sais qu'on a toujours le droit de dire NON, c'est ce que nos filles doivent comprendre, mais n'avons-nous pas aussi la responsabilité d'être cohérentes dans le message que l'on envoie ? Ne devons-nous pas protéger un peu nos filles et leur permettre de vivre leur enfance au lieu d'arriver à fond de caisse dans l'adolescence pour aboutir dans la vie adulte un peu blasé, en ayant déjà tout vu, tout fait, tout essayé au moins trois fois ? Certaines de mes valeurs ne me rendent pas très populaire parce qu'elles sont trop conservatrices, semble-t-il. Je croise des gens qui croient que je me mets la tête dans le sable ; je ne suis pas d'accord. Voici mon propos.

Je commencerai d'abord par deux exemples. Le premier est l'histoire de Karine, une superbe adolescente de 15 ans à qui j'ai enseigné il y a quelques années. Toutes les filles voulaient être comme elle : grande, mince, yeux bleus, longs cheveux blonds, intelligente, gentille, sportive et cool, en plus ! Les garçons aux hormones en ébullition bavaient quand ils la voyaient, mais elle possédait peu d'amies filles, la jalousie faisant son œuvre. Plus l'année avançait, plus je me rendais compte qu'elle était toujours avec les deux mêmes garçons. J'entendais à travers les branches qu'elle sortait avec un, ce qui était aussitôt démenti : elle sortait plutôt avec l'autre. Je ne savais plus trop... Chose certaine, de façon sournoise, le comportement des garçons (de très bons amis) a changé, la compétition s'est installée. Karine entrait en classe et aussitôt, Charles et Dominic (noms fictifs) l'entouraient, la barricadaient littéralement, l'empêchant de créer des contacts avec d'autres. Quand il y avait un travail d'équipe, ces trois jeunes étaient toujours ensemble, souvent au détriment de leurs résultats scolaires. C'est justement dans le cadre d'un travail d'équipe que j'ai pu constater qu'il fallait que j'intervienne, parce que Karine n'était pas outillée pour se sortir du pétrin dans lequel elle s'était mise. Nous nous trouvions dans une salle qui contenait des cubicules et les trois mousquetaires étaient littéralement empilés les uns sur les autres, hormones obligent. J'ai fait mon intervention, leur expliquant qu'il y a un temps et un lieu pour chaque chose, que l'école est un peu comme un lieu de travail dans lequel les marques d'amour physique ne sont pas permises. À la fin du cours, j'ai parlé à Karine seule. « Karine, tu es une belle fille, intelligente, agréable, gentille, douce. Comment te sens-tu par rapport à Charles et à Dominic ? » Elle était un peu timide au départ, mais elle a fini par s'ouvrir. J'ai pu lui dire qu'il était primordial qu'elle définisse ses limites maintenant et qu'elle apprenne à dire non, que ce soit pour des relations amoureuses ou pour toute autre raison. Je lui ai dit qu'avec l'apparence physique, qui s'ajoutait à sa belle personnalité et sa gentillesse légendaire, le plus tôt elle apprendrait à dire non, le plus heureuse elle serait dans sa vie. J'étais vraiment inquiète : elle semblait vivre une relation à trois à 15 ans ! Une telle relation est-elle vraiment possible, je l'ignore, mais il me semble qu'il est important de vivre nos expériences au moment où on a la maturité nécessaire pour les assumer et pour moi, le sexe à trois à 15 ans, c'est trop tôt. Certains n'y arriveront jamais, d'autres l'essaieront après mûre réflexion, mais je crois qu'en tant qu'adulte responsable, il était de mon devoir d'intervenir auprès de Karine afin de l'aider à solidifier son estime d'elle-même.

Environ un mois plus tard, je l'ai rencontrée à nouveau pour voir où elle en était. Elle avait besoin d'écouter mon message encore une fois. Une certaine confiance s'était établie entre nous deux et j'ai pu appuyer mes mots un peu plus fort, elle était prête à l'entendre.

Pour terminer l'année, la belle Karine a travaillé avec d'autres élèves (par choix) lors des travaux d'équipe et elle a pris une certaine distance par rapport à Charles et à Dominic, dont elle a toutefois conservé l'amitié. En juin, elle m'a remis la plus belle lettre de remerciement qu'il m'ait été donné de recevoir de la part d'un élève. Elle m'était reconnaissante d'avoir reconnu sa détresse, qu'elle essayait de camoufler derrière des airs « cool » et de l'avoir brassée suffisamment pour qu'elle prenne confiance en elle, assume ses limites et dise NON à des amis, au risque de les décevoir. C'est un de mes plus beaux succès en éducation, où le mot « éducation » a vraiment pris tout son sens.

Malheureusement, toutes les histoires ne sont pas aussi glorieuses. J'ai aussi enseigné à une adolescente très jolie, mais tellement dure. Des collègues me racontaient qu'à peu près tous les garçons de sa classe avaient couché avec elle, dès la deuxième année du secondaire. Elle en parlait plutôt ouvertement à ses enseignants, à l'époque. Quand elle est passée dans ma classe quelques années plus tard, beaucoup de dommage avait été fait à l'essence de sa personnalité, elle ne faisait plus confiance aux adultes. C'était d'une tristesse... Je ne pouvais pas être là pour elle, elle ne me le permettait pas. Je lui souhaite de rencontrer quelqu'un qui lui permettra de s'ajuster, de faire les correctifs nécessaires.

Je ne connais pas les parents de ces deux élèves, mais je me demande comment les choses se sont passées à la maison. Quelle place l'estime de soi et la sexualité ont-elles prises dans les discussions? Je sais que ce ne sont pas tous les adultes, tous les parents qui sont à l'aise d'en parler, mais cela me semble incontournable. Ou on en parle, ou on trouve un livre, un documentaire, un membre de la famille, un ami, un spécialiste qui pourra nous aider! Encore là, il y a une question de valeurs. Pour certaines familles, la solution est d'amener leur fille chez le médecin au début de l'adolescence pour qu'on lui prescrive la pilule contraceptive: pas de grossesse imprévue pour eux! D'autres installeront un panier de condoms en vrac dans la pharmacie pour que les enfants se servent allègrement, sans avoir de comptes à rendre. Je sais qu'il est relativement courant que des parents permettent à leurs adolescents de dormir (et de baiser) les uns chez les autres, et ce, dès qu'ils se sentent prêts, parfois dès l'âge de 13 ans, si pas plus tôt... Les premières fois que j'ai entendu cela, j'en ai pratiquement échappé ma mâchoire sur le sol tant j'étais bouche bée! Un autre de mes fameux moments «Ben voyons donc! Qu'est-cé qu'i pensent?!!!!!!» On me répond toujours que je suis bien naïve, qu'ils vont le faire de toute façon, autant être en sécurité dans leur maison...

Holà! Je le sais bien que les adolescents vont faire ce qu'ils veulent faire quand ils seront prêts à le faire, que leurs parents soient d'accord ou pas. C'est le propre des adolescents de tester et de contourner lois et règlements, ça fait partie de leur affranchissement. Ben justement, qu'est-ce que les parents ont d'affaire à donner leur accord et à cautionner leur rébellion?! Ça n'a aucun sens! Idem pour les parents qui achètent une caisse de 24 ou quelques joints pour leur ado de 14 ans et ses amis! Voyons donc! Ça prend un adulte quelque part dans le décor, qui agit comme un adulte, qui prend les décisions moins populaires parce que c'est ça, notre rôle, parce qu'on est rendus à cette étape-là dans notre vie. Nous ne pouvons tous être des adolescents en sursis, il faut en sortir un jour! Cela ne veut pas dire devenir «vieux» dans le sens péjoratif du terme (certains comprendront «vieux-jeu»). On peut être ouverts, tolérants et cool dans notre rôle de parents en prenant des décisions et en posant des gestes d'adultes. Des amis, nos enfants en ont à la tonne et ceux-ci sont souvent temporaires et remplaçables. Des parents, ils n'en ont que deux qui peuvent se targuer de posséder le titre et qui ont sûrement quelques rides pour en témoigner!

Allons-y: j'assume mon titre de naïve s'il le faut. Parlons de sexe. Je ne donnerai certainement pas un âge pour indiquer à quel moment les jeunes sont prêts, ce n'est pas si simple que ça, ça dépend de trop de facteurs, c'est une question individuelle. Par contre, il me semble que si on souhaite une vie sexuelle heureuse et comblée pour nos enfants, on doit placer les bases pour eux. On discute, on questionne:

- Es-tu prêt?

- Est-ce que c'est ça que tu veux ?

- Est-ce que tu aimes ton copain/ta copine ?

- Est-ce que c'est avec cette personne-là que tu veux vivre ta première expérience ? Après tout, on n'a qu'une seule première fois, ce sera ta référence et le souvenir restera toujours dans ta tête.

- Fais-tu confiance à ton partenaire ?

- Pourquoi veux-tu faire l'amour ?

- As-tu pensé à la contraception ?

- Sais-tu comment les ITS (infections transmissibles sexuellement) sont contractées ?

- Est-ce que c'est toi ou ton partenaire qui se procure les condoms ?

- Si ton chum refuse de mettre le condom, qu'est-ce que tu fais ?

- Si vos ébats sont avancés, vous êtes peut-être même nus, et
  que tu as un moment de panique, tu ne veux plus aller plus
  loin, qu'est-ce que tu vas faire ?

- Jusqu'à quel moment peux-tu dire NON ? (La réponse est qu'on peut TOUJOURS dire non, il n'est jamais trop tard. Mon corps, c'est mon corps ! *Coïtus interruptus*, c'est légal… mais pas un moyen de contraception très fiable et complètement nul pour se protéger des ITS !).

… Ouin, je viens de relire mes questions et j'espère que personne n'aura l'idée de les poser en vrac à son enfant, au risque de le traumatiser à vie ! Idéalement, on a cette discussion bien avant (pas trop, quand même) que notre adolescent ne soit prêt à passer à l'action. Ça demeure alors dans le domaine de la théorie et c'est moins inconfortable pour toutes les parties présentes! Cependant, je ne démords pas: toutes les questions sont utiles et ont leur place. On doit créer un moment pour en discuter avec notre enfant, c'est notre responsabilité (eh oui, une de plus!). Comme dans toute chose lorsqu'il s'agit d'éducation, il faut doser. L'équilibre est bien important: on ne veut pas brandir le spectre des grossesses non désirées, des ITS ou de la perte de l'estime de soi dans la discussion, par contre notre jeune doit être au courant de ce qui l'attend, réalité oblige! On veut mettre toutes les chances de son côté, pour son bonheur... Oui, je sais, dans le dossier sexe, ce n'est pas si évident!

Maintenant, pourquoi pas sous mon toit? Je suis bien consciente qu'il est possible, voire probable que mes enfants s'en permettent une dans la maison familiale, à un moment où leur père et moi serons absents, mais ce ne sera pas avec notre accord. Soyons honnête: une telle permission les priverait d'une partie du plaisir! Je fais des blagues, mais la raison pour laquelle je ne voudrais pas cautionner les ébats amoureux de mes enfants à l'adolescence, c'est qu'ils n'ont pas la maturité nécessaire pour les assumer. Nos ados ont beau avoir des corps d'adultes et certains comportements d'adultes, leur maturité intellectuelle, émotionnelle et psychologique suit son cours et ne saute pas d'étapes, elle. Or, accorder la permission à mes enfants de «jouer à la maman et au papa» sous mon toit leur donne une mauvaise impression de sécurité. Ça fausse les données. La vie de couple est une belle aventure, mais elle comprend son lot d'épreuves et de compromis. Si on n'est pas très habiles en communication, on risque potentiellement de collectionner les conjoints et les relations. N'avez-vous jamais été témoin d'une querelle de jeunes amoureux, où les émotions sont à fleur de peau et qui se conclut facilement par des larmes et un «Ben je retourne chez ma mère, d'abord!», qui n'est pas très différent des chicanes d'enfants alors que l'un voulait jouer avec les Barbie, que l'autre voulait aller se baigner et qu'aucun consensus ne semblait possible. Or, si je permets à mes filles de jouer à ce jeu de maman et papa sous ma tutelle, je suis certaine que je ne leur rends pas service, car l'expression de l'amour physique n'est justement pas un jeu, du moins pas un jeu d'enfants. Vivre ensemble, c'est une décision que les adultes doivent prendre quand ils ont acquis la maturité nécessaire pour le faire. Mon mari et moi refuserons donc cet «arrangement» parce qu'à notre avis, le succès de couple à long terme dépend en partie des premières expériences conjugales: on ne veut pas que nos enfants jouent à «vivre ensemble» avant d'être prêts à le faire pour vrai.

Bref, ce que je viens d'expliquer représente les valeurs qui prévalent sous mon toit, mais ce n'est pas l'unique façon de procéder. Ce qui me paraît important, c'est que les deux parents soient d'accord sur le choix de valeurs familiales. Surtout, il est impératif que les enfants soient protégés et qu'ils n'amorcent pas une vie sexuelle active avant d'être vraiment prêts à le faire, autant dans leur cœur que dans leur corps et dans leur tête, ce qui nécessite une certaine maturité si on ne veut pas rester avec des cicatrices émotionnelles. Trop de jeunes, surtout les filles, cèdent à la pression sociale et vivent de mauvaises expériences qui auraient pu être évitées avec un meilleur encadrement... et un peu de patience!

C'est à peu près la même chose pour l'alcool et la drogue. Pas question que je fournisse une trousse de départ à mes enfants pour qu'ils essaient ça avec leurs amis! Je trouve bien irresponsables les adultes qui fournissent la bière, les cigarettes et les joints à leurs jeunes adolescents. En partant, les cigarettes et la drogue sont *persona non grata* dans notre demeure, donc on n'en parle même pas. Quant à l'alcool, on en discutera quand ils arriveront vers la fin de leur secondaire. Au risque de me répéter, je poserai toujours la même question aux adolescents qui contestent ou qui veulent consommer ces produits: pourquoi? Pourquoi veux-tu de la bière à 15 ans? Pourquoi veux-tu des *coolers* à 14 ans? Pourquoi veux-tu de la drogue, des cigarettes... À cet âge-là, ce n'est qu'une question de sensations, de se défoncer pour voir ce que ça donnera et pour rire un bon coup en faisant des bêtises... qui risquent, encore une fois, de se retrouver sur Facebook ou sur YouTube grâce au merveilleux cellulaire fourni gracieusement par papa-maman, sans égard pour les répercussions désastreuses qui s'ensuivront assurément! *Cheers*, tout le monde!

Enfin, il faut être conscient de ce que cette trop grande ouverture parentale risque de provoquer. Par exemple, avez-vous déjà entendu parler d'un party arc-en-ciel? Moi, si. Ça commence aussi tôt que la première secondaire. Durant la soirée, les filles mettent toutes un rouge à lèvres de couleur différente. Ensuite, elles font des fellations aux garçons (on parle de jeunes de 12-13 ans). Celui qui a le plus de couleurs sur son pénis gagne. Par ailleurs, on m'a aussi rapporté le cas de jeunes filles qui croient que la sodomie est un bon choix, puisque ça leur permet de rester vierges et qu'elles n'ont pas besoin de condoms : elles pensent que les ITS ne se transmettent pas par relation sexuelle anale. Et que dire des grossesses? Chaque année, plein d'adolescentes tombent enceintes. Si la jeune fille a plus de 14 ans, l'école et les services de santé ne sont pas obligés de contacter les parents. En fait, ils n'ont même pas le droit de contacter les parents si la jeune fille refuse que ceux-ci en soient informés. Dans toutes les écoles, plusieurs jeunes filles ont déjà subi un, deux ou même trois avortements avant la fin du secondaire. Quelles sont les répercussions sur l'estime de soi de nos enfants? Quelle vision du monde construisent-ils? Quelle sorte de relation de couple vivront-ils?

Et vous, savez-vous vraiment ce que votre enfant fait lorsqu'il ou elle dort chez des amis? Les parents sont-ils présents? Votre fille part-elle avec trois rouges à lèvres différents? Les bobettes de votre garçon sont-elles tachées de ce rouge à lèvres?

Chapitre 20

Éduquer nos enfants à bien utiliser les médias sociaux

Facebook et Les trois passoires de Socrate

Socrate avait une haute opinion de la sagesse. Quelqu'un vient un jour trouver le grand philosophe et lui dit :

« Sais-tu ce que je viens d'apprendre sur ton ami ?

- Un instant, répondit Socrate. Avant que tu me racontes, j'aimerais te faire passer un test, celui des trois passoires.

- Les trois passoires ?

- Mais oui, reprit Socrate. Avant de me raconter toutes sortes de choses sur les autres, il est bon de prendre le temps de filtrer ce que l'on aimerait dire. C'est ce que j'appelle le test des trois passoires. La première passoire est celle de la **vérité**. As-tu vérifié si ce que tu veux me dire est vrai ?

- Non. J'en ai simplement entendu parler...

- Très bien. Tu ne sais donc pas si c'est la vérité. Essayons de filtrer autrement en utilisant une deuxième passoire. La deuxième passoire est celle de la **bonté**. Ce que tu veux m'apprendre sur mon ami, est-ce quelque chose de bon ?

- Ah non ! Au contraire.

- Donc, continua Socrate, tu veux me raconter de mauvaises choses sur lui et tu n'es même pas certain si elles sont vraies. Tu peux peut-être encore passer le test, car il reste une passoire. La troisième passoire est celle de **l'utilité**. Est-il utile que tu m'apprennes ce que mon ami aurait fait ?

- Non. Pas vraiment.

- Alors, conclut Socrate, si ce que tu as à me raconter n'est ni vrai, ni bien, ni utile... Pourquoi vouloir me le dire [41] ? »

SOCRATE

J'aime bien cette histoire de Socrate ! Beaucoup auraient intérêt à se la rappeler, car nous vivons certainement à une époque où il semble plus intéressant d'obtenir beaucoup d'attention en dévoilant une vérité partielle, une fausseté ou une anecdote croustillante qui risquera de faire du mal à quelqu'un, voire qui est complètement inutile, que de rester dans l'ombre en s'exprimant selon les trois passoires de la vérité, de la bonté et de l'utilité. Les téléréalités qu'on nous sert *ad nauseam* n'ont certainement pas Socrate en tête quand les montages sont faits ! Qu'en est-il des médias sociaux ?

Ce qui me paraît clair, c'est que la communication n'a jamais été aussi facile. Du bout des doigts, on est automatiquement en contact avec ce qui se passe aux quatre coins de la planète et on peut y réagir en temps réel. Il n'y a pas si longtemps, seuls les gens au pouvoir, les journalistes, les éditeurs pouvaient nous apprendre l'actualité. Maintenant, la population est invitée à contribuer en fournissant du matériel : textes, photos, vidéos. Le contexte dans lequel nos enfants grandissent est complètement différent, n'a rien à voir avec celui dans lequel nous avons construit notre vision et notre compréhension du monde. Évidemment, un retour en arrière est complètement impossible et probablement pas souhaitable, même si les nostalgiques que nous sommes aimeraient parfois cela ! Par conséquent, interdire, bannir ou censurer ne me semble pas une solution efficace. Il faut plutôt éduquer nos enfants à l'utilisation d'Internet. Nous n'avons pas besoin d'être des

41. <http://www.chezmaya.com/cartesvirtuelles/sagesse/Socrate.htm>

experts, mais il m'apparaît incontournable d'investir un minimum de temps pour être en mesure de guider et d'accompagner nos petits lorsqu'ils commenceront à utiliser l'ordinateur comme moyen de communication. Dans notre famille, c'est ma belle-fille qui a introduit cette nouvelle façon de faire sous notre toit. À l'époque, les jeunes communiquaient par le biais de MSN. Éventuellement, Facebook a pris le plancher.

Quand l'une de mes filles a voulu s'ouvrir un compte Facebook, elle m'a demandé si elle pouvait. Déjà là, j'étais très heureuse qu'elle procède de cette façon. En fait, comme nous avons élevé nos filles dans l'ouverture et la communication, nous sommes habituellement leur première référence. Elles savent qu'elles peuvent nous parler. J'ai eu une bonne discussion avec ma fille et je lui ai posé plusieurs questions pour voir comment elle allait se comporter : accepterait-elle comme amis des gens qu'elle ne connaît pas? Pourrait-elle mettre des photos osées sur son mur? Devrait-elle demander la permission à ses amis avant de télécharger une photo d'eux? Quelle est la différence entre un journal intime et Facebook? Comment allait-elle configurer les paramètres? À qui donnerait-elle accès à ses informations? Qu'est-ce qu'on peut inscrire sur son mur? Qu'est-ce qu'on ne doit jamais inscrire? Etc.

À mon avis, autant un jeune enfant doit développer sa conscience de l'autre (vous vous rappelez la courte période tellement mignonne pendant laquelle notre enfant apprend à jouer à cache-cache et qu'il est convaincu que vous ne le voyez pas si *lui* ne vous voit pas, par exemple lorsqu'il se cache la tête sous une couverture et que le reste de son corps dépasse?), autant le jeune adolescent, voire préadolescent, doit apprendre que ce qu'il écrit sur Facebook peut potentiellement être accessible à un grand nombre de gens : ce n'est pas parce qu'il ne voit pas ses « amis » sur FB que ceux-ci ne sont pas là (surtout si on permet aux amis de nos amis de lire ce qu'on publie…). De plus, FB, CE N'EST PAS UN JOURNAL INTIME! Les répercussions sont énormes! À l'école, nous voyons chaque jour les effets ravageurs de cet outil, puisque la cyber intimidation est en plein essor. Il est tellement facile, seul dans son salon, derrière son clavier, de taper un commentaire incendiaire que *tout le monde* lira! N'oublions pas que lorsque nous lisons un texte (dans un contexte informatique), il est plus difficile de saisir l'intention de l'auteur que si ce dernier se tient devant nous, en chair et en os : les nuances ne sont pas toujours là, l'intonation de la voix est absente, on ne peut pas s'appuyer sur le langage non verbal pour bien interpréter le message. Bien sûr, les gens qui écrivent très bien n'ont pas souvent ce problème, mais c'est loin d'être le cas de tout le monde! De plus, le langage écrit dans les médias sociaux est habituellement truffé d'acronymes et de binettes, ce qui peut compliquer la tâche. Par exemple, nos jeunes savent-ils qu'écrire TOUT SON TEXTE EN LETTRES MAJUSCULES, OU MÊME **EN CARACTÈRES GRAS, EST L'ÉQUIVALENT DE CRIER APRÈS QUELQU'UN?!!!! ET QUE MULTIPLIER LES SIGNES DE PONCTUATION AJOUTE ÉNORMÉMENT D'INTENSITÉÉÉÉÉ!!!!!!!!!** Il y a quelques années, j'ai travaillé avec quelqu'un qui, dans la majorité de ses courriels, écrivait en lettres majuscules, caractères gras, le tout en rose très foncé, avec beaucoup de signes de ponctuation. J'avais l'impression qu'elle gueulait! L'apparence physique de son courriel m'agressait... même si le message était courtois. Il est important que nos jeunes sachent le pouvoir de la présentation de leur opinion, car si on contrôle ce qu'on dépose sur FB, on ne contrôle pas la réception qu'en feront nos amis (et les amis de nos amis...), on ne contrôle pas leur compréhension ni leur interprétation du message. Il faut être prudent et conscient des gestes que l'on pose!

Autre question : est-il acceptable de se défouler sur FB en donnant son opinion sur amis, famille, patron, enseignants? Exemple : l'enfant a reçu un résultat désastreux en mathématique, il a une retenue pour un devoir non fait en anglais... Est-il convenable d'écrire que «le prof est chien... j'vas l'TUER!»? C'est sûr que non, cela va de soi, mais il est de notre devoir de **nommer** de tels exemples auprès de nos enfants, de ne pas tenir pour acquis qu'ils le savent. Quant aux employeurs, nous savons maintenant qu'ils sont de plus en plus nombreux à prendre quelques minutes pour aller visiter la page Facebook de leurs employés, question de savoir à qui ils ont affaire. Combien de personnes ont perdu leur emploi pour avoir déblatéré contre leur patron, pour avoir posté des photos compromettantes et autres bourdes créatives... Les adultes aussi sont en apprentissage dans l'utilisation des médias sociaux! Or, nos enfants doivent être conscients de la trace indélébile qu'ils laissent sur la Toile.

Alors, si on récapitule :

• on n'accepte pas comme amis des gens qu'on ne connaît pas;

• on ne met pas de photos osées ou olé-olé sur notre mur;

• on n'inscrit pas de commentaires incendiaires (on pourrait peut-être montrer à nos enfants à tourner la souris sept fois avant de cliquer sur *Entrée*, question de s'adapter à notre époque...);

• pas d'insultes, pas de secrets (ce n'est pas un journal intime);

• on fixe des paramètres sécuritaires;

• on ne donne aucune information personnelle (téléphone, adresse, etc.);

• on prend conscience de la signification des majuscules, de la ponctuation, des binettes.

Finalement, le point le plus important pour moi était aussi non négociable: je devais être l'amie de ma fille sur Facebook, ce qui me permettrait d'avoir accès à son mur en tout temps pour ainsi garder un œil vigilant sur ses activités. Je peux voir ce qu'elle fait, comment elle s'exprime, combien d'amis elle a... à quelle heure elle poste des messages, aussi! Une fois tout cela mis en place, mon travail n'est pas terminé. Je dois m'assurer de la visiter régulièrement. Cela alimente d'ailleurs nos discussions et me permet de connaître ses intérêts. À ce jour, il n'y a qu'une seule fois où j'ai dû la ramener à l'ordre: c'était justement par rapport à l'école, où elle avait posté un commentaire inacceptable au sujet d'un de ses enseignants. J'ai pu réagir rapidement et l'éduquer : ça ne se fait pas, il pourrait y avoir des conséquences à émettre de tels commentaires. Elle a immédiatement retiré son message. Mon conseil à ma fille a été le suivant : avant de poster un message, imagine que je suis debout derrière toi et que je le lis. Serais-tu à l'aise ? Si oui, vas-y ! Sinon, garde cela pour toi, viens m'en parler ou jase avec une bonne amie... en personne !

Pour ma part, je me suis ouvert un compte Facebook il y a quelques années, suite à un voyage humanitaire au Pérou. J'avais accompagné des élèves extraordinaires et FB était un moyen de garder contact par la suite et de partager les photos de voyage. Au départ, j'étais un peu craintive à l'idée d'utiliser cet outil, mais je dois avouer qu'il m'a permis de reprendre contact avec des amis d'enfance que j'avais perdu de vue depuis une vingtaine d'années. C'est tellement intéressant de voir où les gens sont rendus, et même si les amitiés FB peuvent être bien superficielles, elles nous permettent tout de même de garder un certain lien en ayant un regard privilégié dans la vie de toutes ces personnes. De toute façon, si on veut plus qu'un contact superficiel, on n'a qu'à prendre le téléphone et à se donner rendez-vous ! FB n'a pas anéanti les autres façons de communiquer, il a simplement ajouté un moyen alternatif.

Quand j'ai publié mon texte dans *La Presse*, c'est par le biais de FB que des recherchistes, enseignants, parents et même élèves sympathisants m'ont trouvée. N'eût été de ce médium, je n'aurais probablement pas saisi l'importance de la vague que j'avais soulevée, je n'aurais pas reçu tous ces messages positifs. Quel bonheur de recevoir des mots si chaleureux d'anciens élèves que je n'avais pas vus depuis des années ! Cela réchauffe le cœur. Il existe d'ailleurs des histoires heureuses sur FB relatant le réseau positif qui s'est resserré autour d'adolescents en détresse, des cas de jeunes qui parlaient de suicide, par exemple, et dont les amis ont réagi en informant les parents, en encourageant le jeune, etc. Je ne crois pas qu'il soit justifié de diaboliser les médias sociaux. Quand ils sont bien utilisés, leur impact est extraordinaire.

Cependant, il y a un revers à la médaille quand des jeunes n'ont aucune supervision. En effet, FB est un médium qui est capable du meilleur comme du pire. Autant il peut rassembler les gens, autant il peut les isoler. Tout le phénomène technologique qui nous a envahis depuis les années 90 a transformé nos relations humaines et a certainement induit une certaine désensibilisation. D'où l'importance de placer l'ordinateur familial dans une pièce ouverte (jamais dans la chambre de l'enfant), de superviser l'utilisation qui en est faite, de garder la communication ouverte avec notre jeune. À l'occasion, on doit vérifier la teneur des échanges qui sont faits. Comment notre enfant s'exprime-t-il? Est-il courtois? Comment ses amis le traitent-ils? Ce n'est pas facile, parce qu'aux yeux des parents que nous sommes, nous croyons toujours que notre enfant est bon, mais est-ce vraiment le cas? Autant c'est le propre des enfants et des adolescents de tester les limites et d'essayer des choses, autant c'est notre responsabilité d'apporter les correctifs! Il est tellement normal de le faire, le contraire serait surprenant. Tous les enfants font des erreurs, ils essaient tous des comportements un peu (ou très) délinquants, ça fait partie de leur cheminement. Nous ne sommes pas des parents pourris parce que notre enfant a commis une erreur, et celui-ci n'est pas horrible pour autant! Ce sont les échecs et les erreurs qui nous permettent de cheminer et de devenir meilleurs… à condition qu'on apprenne de ceux-ci. N'ayons donc pas peur de suivre les expériences de notre jeune sur FB, par exemple, et de le ramener à l'ordre s'il dérape. Comme je l'ai déjà dit, l'intimidation existe dans notre société, et chaque intimidateur a des parents. On souhaite toujours que le *bully* ne soit pas notre enfant, mais ça se peut qu'il le soit. Si c'est le cas, il faut réagir et corriger la situation. La victime a besoin d'aide; l'intimidateur aussi. La pire chose à faire, c'est de refuser de voir la vérité en face.

Dans le cadre de mon travail, j'ai dû gérer un cas d'intimidation qui impliquait deux familles aux valeurs diamétralement opposées. La première était remplie d'amour. La réaction des parents (qui étaient séparés) a été de réprimander leur adolescent avec fermeté, mais sollicitude, et de collaborer avec l'école afin d'aider leur enfant. Il fallait comprendre pourquoi il avait agi de cette façon. Le processus a été tellement efficace : réparation, puis éducation et accompagnement. Entouré de ses parents, le jeune s'est senti soutenu, a compris qu'il avait mal agi, a apporté les correctifs nécessaires, s'est excusé avec sincérité. Il a appris de cet événement, sa victime s'est sentie soulagée, ce n'était qu'un cri de détresse qui a été entendu et tout le monde a bien réagi. Le jeune

garçon a eu un comportement irréprochable pour le reste de l'année scolaire.

La deuxième famille a fait tout le contraire. Les parents, particulièrement la mère dans ce cas, m'ont couverte d'injures et d'accusations, m'ont attaquée personnellement. En fait, la mère présentait elle-même des comportements intimidateurs. Ils ont réécrit l'histoire en déformant mes propos, ont refusé de croire que leur garçon avait agi ainsi (il y avait pourtant plus d'un cas d'intimidation noté à son dossier), ont même transformé les faits et tenté de renverser la vapeur en disant que leur garçon était la victime, pas l'intimidateur! La collaboration était malheureusement impossible avec eux, même en ayant une approche positive et constructive. Rien à faire. Qu'est-ce que le garçon a compris? La violence verbale et l'intimidation sont cautionnées par maman et papa et sont donc acceptables. Il a d'ailleurs poursuivi ses frasques jusqu'à ce qu'on doive le mettre à la porte. C'est vraiment triste, parce que ses parents l'aiment mal et le privent de développer une conscience sociale. Il est difficile d'être véritablement heureux quand on n'a pas de limites...

N'ayons pas peur d'être présents, de poser des questions, d'être impliqués dans la vie de nos adolescents. C'est vrai qu'ils ont besoin de leur intimité, mais ils doivent aussi sentir qu'ils ont des comptes à rendre, des règles à suivre, un comportement à adopter. Au bout du compte, nous investissons dans leur avenir, voire dans leur capacité à être heureux à long terme. Être parent au XXIe siècle est bien différent de ce que nos parents et nos grands-parents ont vécu. Malgré tout l'apport technologique dont nous bénéficions, rien ne remplace le contact humain et les valeurs solides. Il faut être présents, cohérents, conséquents, fermes, aimants.

Chapitre 21

Les avantages d'apprendre à faire face à l'adversité en bas âge

La frustration, c'est nécessaire!

> *On n'élève pas les enfants sans barrières, sans interdictions [...] Aujourd'hui, les enfants sont attendus, désirés, mais on ne veut que leur sourire et pas de conflits. Éduquer, c'est savoir dire non, poser des limites et, au besoin, sanctionner si elles sont franchies. C'est savoir aussi endurer les pleurs et la colère de l'enfant, sans pour autant culpabiliser ou avoir peur de perdre son amour. C'est savoir, enfin, faire le tri entre ses réels besoins et ses envies de consommation ou de plaisirs immédiats[42].*
>
> Christiane OLIVIER

Comment en sommes-nous arrivés là? Nous avons tous entendu des histoires d'horreur des générations précédentes, dans lesquelles l'autorité paternelle abusive écrasait les enfants. Certes, ceux-ci obéissaient au doigt et à l'œil, mais on les avait éteints durant leur enfance à force de punitions, de réprimandes, de commentaires dénigrants... Perte de confiance en soi, thérapies interminables... A-t-on voulu corriger cela? Maintenant, il

---

42. <http://catholique-montpellier.cef.fr/Source_Lez
SLDireOuiDireNonANosJeunesEnfantsJuin06.pdf>

semblerait que notre philosophie soit : *Pas de larmes, pas de crises, le bonheur à tout prix !* Il ne faut pas dire non, il ne faut pas faire de peine à l'enfant. Est-ce que ça fonctionne ?

Poser la question, c'est y répondre.

Les enfants ont besoin de vivre des moments de frustration, il faut qu'on leur interdise des choses, qu'on refuse d'accéder à toutes leurs demandes. C'est ce qui leur permet de développer un plan B, voire un plan C ou D, s'il le faut ; c'est ce qui leur permet de comprendre que la vie continue après qu'on leur ait dit NON. Il est impossible de passer toute une vie sans avoir de revers, d'échecs, de contretemps, d'obstacles... Ça fait partie de l'expérience humaine. Dans une démocratie telle que la nôtre, nous avons le privilège et le droit de nous exprimer, mais nous avons aussi la responsabilité et le devoir de respecter l'autorité et les lois. Or, quand nous mettons un enfant au monde, c'est nous, l'autorité. C'est nous, la loi. Il est de notre devoir de montrer à notre enfant, dès son plus jeune âge, qu'il ne peut pas tout faire, tout avoir, qu'il doit respecter les règles, qu'il doit adopter un comportement socialement acceptable. Crier, hurler, taper, injurier, insulter, briser, frapper, attaquer, pincer, mordre, battre... NON ! Oh que non ! Notre intervention doit être à la hauteur de la capacité de compréhension de l'enfant, cela va de soi, mais il ne faut pas attendre ! On réagit sur-le-champ. Bébé fait une crise au magasin pour avoir un bonbon ou un jouet ? C'est NON immédiatement ! On serre un peu le bras (sans faire mal, évidemment, il s'agit de mettre une petite pression !), on regarde dans les yeux et on dit, d'une voix ferme : « Non ! Tu ne fais pas ça. » Et on attend, dans la même position, en silence, yeux dans les yeux. On répète au besoin, mais le silence qui suit est tout aussi important. S'il est complètement inutile d'expliquer en long et en large, il est nuisible et dommageable d'utiliser le chantage et la culpabilité pour faire cesser le comportement (du genre : tu me fais de la peine... maman va pleurer si tu continues !). Ce n'est pas la quantité de mots qui est importante ici, c'est l'intensité du message. D'ailleurs, on dit qu'à peine 10 % du message passe par les mots, le reste est transmis par le non verbal ! C'est encore plus vrai pour les jeunes enfants qui n'ont pas encore développé leur vocabulaire : ils ne comprennent pas la signification des mots utilisés de toute façon. L'expression de notre visage, le timbre de notre voix, la petite pression sur le bras, tout cela accomplit le travail à merveille. Alors, simplement : « Non ! »

On dit souvent que la première adolescence se produit vers l'âge de deux ans. Or, l'enfant est petit à ce moment-là, mais il teste déjà les limites, n'a aucun cadre de référence. Je sais, c'est parfois très drôle de voir ce petit bonhomme ou cette petite bonne femme se fâcher et taper du pied, mais nous devons intervenir ! Plus on attend avant de « frustrer » notre enfant, plus on hypothèque sa capacité à être heureux à long terme. Si les paramètres pour être heureux sont les suivants : avoir tout ce qu'on veut au moment où on le veut, facilement, sans difficultés, sans heurts, sans efforts, sans compromis, eh bien on risque d'être fort malheureux toute sa vie, parce que c'est impossible ! Quand les parents se mettent au service de leur enfant pour réaliser tous ses désirs, qu'ils enlèvent tous les obstacles sur son chemin pour ne pas qu'il se blesse, qu'ils réparent tous les pots cassés sans qu'il n'en ait conscience, qu'ils excusent tous ses mauvais comportements, je crois qu'ils aiment mal leur enfant. Leurs intentions sont bonnes, mais leur méthode est contre-productive et les résultats risquent d'être très décevants, au détriment de l'enfant en premier.

J'ai passé la majeure partie de ma carrière avec de jeunes adolescents et inévitablement, ceux qui ont été bien aimés, bien encadrés, à qui on a dit non, qu'on a obligés à développer leur conscience sociale, eh bien ceux-là sont les plus heureux et les plus agréables! Ils peuvent discuter, ne pas être d'accord, mais ils le font avec une belle ouverture. Ils n'attaquent pas, ils s'informent et partagent leur opinion. Ils émettent de l'information, mais ils sont aussi capables d'en recevoir, de la comprendre et de l'interpréter. Ils peuvent s'ajuster quand les données sont modifiées. Ils ne sont pas démolis quand on leur refuse une permission, ils ne sont pas anéantis quand ils vivent un échec. Ils s'informent, veulent comprendre pourquoi, désirent savoir ce qu'ils doivent changer pour réussir, la prochaine fois. Ils tolèrent un léger inconfort physique, social ou émotionnel, parce qu'ils savent que ce n'est pas la fin du monde et que c'est temporaire. Ils s'expriment avec sollicitude et respect, parce qu'ils sont capables de se mettre à la place de l'autre. Qu'ils soient religieux ou pas, ils adhèrent au principe de ne pas faire à l'autre ce qu'ils ne voudraient pas qu'on leur fasse. Ils sont capables d'empathie. Ils peuvent faire preuve de leadership quand c'est à leur tour de le faire, mais ils vont aussi suivre les consignes et respecter l'autorité quand les circonstances l'indiquent. Ils sont beaucoup moins stressés que leurs comparses à qui on n'a jamais refusé quoi que ce soit, parce qu'ils font confiance aux autres, parce qu'ils comprennent ce qui se passe, parce qu'ils ont des limites claires et un bon cadre de référence. Ils ont aussi confiance en eux, parce que leur éducation leur a permis de vivre des succès, mais surtout, leur a donné une vision juste et réaliste d'eux-mêmes: leurs parents les ont félicités quand ils le méritaient, ont mis en lumière leurs réussites, mais ils les ont aussi réprimandés lorsque nécessaire. Bref, ils sont heureux et quand ils vivent un moment de tristesse, de colère ou de panique, ils ont tout un schème de référence sur lequel ils peuvent s'appuyer, plein d'outils en banque qui leur permettent de savoir avec assurance, au plus profond de leur être, que ça ira mieux, qu'il y a des gens pour les aider, qu'il existe des solutions pour régler le problème.

168

N'est-ce pas là une belle description de ce que nous voulons pour nos enfants? N'est-ce pas là une belle motivation pour leur fournir un bon encadrement solide, ferme et aimant? Une belle incitation à les « frustrer » de façon bien positive et éducative? Les résultats sont tellement merveilleux! Quoi de plus gratifiant pour des parents que de voir leurs enfants être bien dans leur peau et heureux, que d'assister à leurs réussites, que de les voir s'adapter aux conflits et aux obstacles avec des solutions créatives... Tout cela s'apprend et se met en place en bas âge, et c'est à ce moment qu'on doit investir le plus, parce qu'il y a souvent un bris de communication temporaire vers 14, 15 ou 16 ans.

En effet, nous savons tous que l'adolescence est une période de la vie où les hormones sont en ébullition, où les émotions sont *full* intenses! Ce que mon mari et moi avons toujours dit à nos filles, c'est que l'adolescence n'est pas une maladie. Oui, on comprend bien le cœur en montagnes russes, les sentiments à fleur de peau, le bonheur euphorique suivi d'une peine abyssale... mais tout cela ne donne jamais la permission d'injurier ou d'engueuler qui que ce soit, pas même ses parents! Pour l'adolescent, tout est instantané et vif. Demain n'existe pas. D'où l'importance d'avoir travaillé fort, dès la petite enfance, pour implanter des valeurs solides.

Dernièrement, j'ai été témoin d'une escalade verbale entre une mère et ses trois enfants, le plus vieux ayant à peu près sept ans.

Enfant #1: Eille! Ta yeule!

Mère: Toé-même, ta yeule! Attends qu'on arrive à maison...

Enfant #2: TOÉ, attends!

Mère: Parle-moi pas de même!

Enfant #1: Toé-même!

Aïe! Aïe! Aïe! C'était du tac au tac, insulte et insubordination de part et d'autre. Sincèrement, il s'avère de plus en plus difficile de transiger à l'école avec des jeunes qui sont élevés ainsi. C'est épuisant! Si une mère ne réussit pas à instaurer le respect et le calme auprès de ses trois enfants, comment voulez-vous que nous, les enseignants, réussissions à le faire avec trente, quarante, cent, deux cents élèves? La tâche est gargantuesque!

Chez nous, tout peut se dire, à condition que le ton soit respectueux. Si mes enfants ne sont pas d'accord avec moi, elles ont le droit de me le dire, mais jamais je ne tolérerai qu'elles me manquent de respect. Quand mes filles étaient au primaire, elles allaient au service de garde. Je me rappelle que ma plus jeune avait tendance à être bougon en sortant de là; ce n'était pas très agréable, mais j'ai profité de ces occasions pour lui montrer l'importance du COMMENT dans la communication. J'ai répété, soir après soir... La patience est une vertu et la répétition est incontournable dans notre rôle de parents! Encore une fois, elle pouvait tout me dire, mais le ton était important. Un soir, encore toute petite sur la banquette arrière, elle m'avait répondu sur un ton qui frisait l'arrogance. J'ai stationné la voiture rapidement et c'est yeux dans les yeux qu'elle a reçu mes commentaires, qu'elle a vu ma réaction, quelque chose qui ressemblait à «Je ne suis pas ton *punching bag*! Tu as peut-être eu une mauvaise journée, mais je refuse que tu me parles sur ce ton! Tu vas recommencer.» Avec tout l'amour que j'éprouve pour ma fille, je suis pas mal convaincue que si nous n'avions pas fait toutes ces interventions auprès d'elle, elle aurait eu le potentiel de mener une vie très malheureuse, parce que ses réflexes d'autorégulation semblaient absents ou déficients. Elle n'avait pas de balises innées et aurait pu être le genre d'enfant à faire des crises à répétition. Elle a d'ailleurs essayé à quelques reprises, mais mon mari et moi avons toujours été sur la même longueur d'ondes quant à la discipline et l'éducation des enfants: nous avions la même méthode:

- serrer (*légèrement*, je le répète!) le bras;

- regarder l'enfant yeux dans les yeux (important de se mettre au niveau de l'enfant);

- dire NON d'une voix ferme, sur un ton sans équivoque ;

- donner des explications claires, simples, courtes, selon la capacité de compréhension de l'enfant ;

- répéter autant de fois que nécessaire !

C'est tellement efficace ! En même temps, les enfants sont rassurés et en confiance. Des deux côtés de notre famille, mon mari est d'ailleurs le centre d'attraction pour les enfants : c'est inné chez lui. Il les attire naturellement, les jeunes veulent jouer avec lui, ils recherchent sa compagnie, et ce, même s'ils savent instinctivement qu'ils seront ramenés à l'ordre s'ils dérapent. On dirait que ça les rassure. Je me rappelle encore la fois où ma jolie nièce était près d'une crise de colère et de larmes. Mon mari s'est agenouillé devant elle, yeux dans les yeux, lui a parlé sur un ton à la fois calme et ferme. En moins de deux, la crise était désamorcée et mon homme avait droit à un gros câlin ! En vieillissant, il me semble que neveux et nièces sont avides de ses conseils et de son approbation. Mon amour inspire confiance et dégage quelque chose de très rassurant... même s'il perd toujours ses clés, son portefeuille et son cellulaire ! L'un n'empêche pas l'autre, n'est-ce pas ? Je dis toujours qu'on ne peut pas être parfait, ce ne serait pas juste pour les autres !

Conclusion

AMOUR + DISCIPLINE = ÉQUILIBRE

Ce qui fait la vraie valeur d'un être humain,
c'est de s'être délivré de son petit moi.
Albert EINSTEIN

Les enfants, c'est la richesse d'un peuple. Nous avons la responsabilité de bien les élever, de leur donner tous les ingrédients pour qu'ils deviennent des adultes solides, responsables, équilibrés et heureux, à qui nous pourrons passer le flambeau en toute confiance.

En vingt ans d'expérience dans le système d'éducation, j'ai croisé des élèves exceptionnels, et ce, pour différentes raisons, pas nécessairement parce qu'ils avaient les meilleurs résultats. Pendant ma première année d'enseignement, ma route a croisé celle de Mathieu, élève pétillant et allumé, un peu coquin, mais respectueux. Il y avait aussi Vicky, une des élèves les plus brillantes, mais très humble et toujours prête à aider. Karine, qui semblait vouloir tout connaître, tellement avide de connaissances, et qui est maintenant enseignante. Étienne, mon petit prince, à qui je n'avais rien à montrer en 1re secondaire : il connaissait déjà mon programme ! Je l'exemptais de la dictée (il avait toujours 102/100, puisqu'il obtenait aussi le bonus) pour lui permettre de faire des projets stimulants : écriture, recherche, etc. Cette classe-là a été la plus extraordinaire de ma carrière à cause de l'énergie qui s'en dégageait. En faisaient partie David, ce beau grand garçon à l'air distingué et au sourire éclatant (maintenant aux études pour devenir médecin), Geneviève, Marie... Un groupe de jeunes plein d'énergie et brillants, qui tiraient le reste de la classe vers quelque chose de meilleur. Alexandre, mon petit coquin devenu instructeur de vol... Joannie, cette belle grande fille souriante remplie de leadership...

Anthony, qui a réussi mon cours malgré ses difficultés d'apprentissage, en travaillant avec acharnement, sans se décourager... Francis, qui en arrache en français, mais qui venait toujours me jaser au début et à la fin du cours, dont les parents me sont bien reconnaissants d'avoir été mis sur la piste d'une dyslexie probable de leur garçon, qui réussit maintenant grâce à son diagnostic et à sa médication ... La belle Alexandra, avec ses histoires d'amour un peu tordues... François, un élève ayant le syndrome d'Asperger, un jeune très attachant avec une maman fabuleuse et fantastique qui m'a permis de mieux comprendre les enfants en difficulté... Noémie, Jade, Jessica, Suzie : quatre belles grandes adolescentes discrètes, douces, charmantes, sympathiques, travaillantes... Félix, souriant et chaleureux, positif et réservé malgré ses difficultés... et Antoine, mon dernier coup de cœur : drôle, attachant, sensible, brillant, leader, intègre, respectueux, généreux, capable d'autodérision...

Tous les élèves que je viens de nommer existent vraiment, ce sont leurs vrais noms. Je pourrais continuer ainsi longtemps : j'ai déjà enseigné à plus de 2000 adolescents. Beaucoup de parents réussissent leur travail à merveille. Leurs enfants sont agréables à côtoyer, allumés, vifs, respectueux, intéressants et curieux. Je tiens à le souligner et à remercier sincèrement tous ces adultes qui assument leur rôle avec diligence. C'est tout un cadeau que vous faites à la société... et à votre enfant !

D'autres parents, partant aussi de bonnes intentions, semblent rater la cible en étant, à mon avis, trop ouverts et trop tolérants. Élever des enfants n'est pas facile, je le sais. Avec la compétition qui émane des médias, de la télévision, des vedettes, d'Internet et tutti quanti, la tâche est plus complexe qu'elle ne l'a jamais été. Ajoutons à cela que tout le monde veut rester jeune pour toujours et il devient difficile de véritablement accepter son propre passage à la vie adulte et de jouer le rôle sans se sentir vieillir. Or, c'est possible et surtout, c'est nécessaire si nous voulons BIEN aimer nos enfants, si nous ne voulons pas devenir, bien malgré nous, les serviteurs d'enfants élevés comme de la royauté. Quoiqu'il ne soit jamais trop tard pour s'ajuster, il est beaucoup plus facile d'instaurer la rigueur quand les enfants sont petits, quitte à relâcher graduellement quand les bases sont solides. C'est la même chose en enseignement : on commence l'année scolaire en étant beaucoup plus sévères et exigeants, puis, petit à petit, on donne un peu de jeu quand la routine de travail est bien établie, quand les jeunes ont intégré les règles du comportement attendu dans notre classe. Mes collègues qui enseignent l'anglais ont souvent adopté la philosophie suivante (c'est une métaphore, évidemment !) : «*Never crack a smile before Christmas !*» (Il ne faut jamais sourire avant Noël !).

Ce qui fonctionne bien, c'est la rigueur, la simplicité, la persévérance, la patience. Je ne pourrais insister assez sur l'importance d'être constants dans nos interventions. Exemple : notre garçon a développé la fâcheuse manie de roter à table, il trouve cela bien drôle. Or, on repassera pour les bonnes manières, n'est-ce pas ? Si on se fâche quand il le fait lundi, mais qu'on rit mardi, que mercredi on le punit, que jeudi on l'imite... Eh bien le pauvre enfant n'a aucun repère ! Sans le vouloir, on crée un stress chez lui, parce que de tels événements sont transposables. Si, quelques mois ou un an plus tard, notre garçon a une passe durant laquelle il ne fait pas son lit, par exemple, et qu'on est aussi peu cohérents dans nos interventions (lundi on l'engueule comme du poisson pourri, mardi on ne dit pas un mot, mercredi on ne s'en rend pas compte, jeudi on lui retire son iPod pour un mois, etc.), l'enfant ne sait jamais ce qui s'en vient. À la limite, il devient un peu lâche, parce qu'il sait qu'il peut s'en sortir à peu près une fois sur deux. Quand il aura le choix de faire quelque chose de répréhensible, peut-être qu'il se dira : «Je vais tenter ma chance ! Une chance sur deux que je ne me fasse pas prendre... »

Comme parent, il n'y a rien d'aussi exigeant que d'être constant, régulier, conséquent et rigoureux sur une base régulière, jour après jour. On aurait bien besoin de vacances, parfois ! Et c'est tout à fait correct : la perfection n'est pas de ce monde. On va en échapper une de temps en temps, c'est normal et surtout, pas dramatique. Notre enfant apprendra que personne n'est parfait, c'est tout ! C'est quand nos interventions sont trop souvent incohérentes que cela devient nuisible.

Par ailleurs, je ne pourrais terminer ce livre sans vous accorder la permission de donner des ordres! Ça fait partie de votre rôle de parler à l'impératif: *fais* ton lit... *vide* le lave-vaisselle... *ramasse* ta chambre... *passe* l'aspirateur... *habille*-toi... *brosse* tes dents! C'est normal: vous êtes le «patron» de vos enfants. C'est le contraire qui me heurte, particulièrement avec les jeunes enfants: veux-tu faire ton lit? Est-ce que tu peux vider le lave-vaisselle? Ça me ferait plaisir si tu ramassais ta chambre (attention: manipulation en vue... faire sa chambre n'a rien à voir avec rendre son parent heureux). Passerais-tu l'aspirateur, mon chéri?...

On s'entend qu'à l'adolescence, on procédera peut-être de façon un peu plus subtile qu'en donnant systématiquement des ordres directs, mais si on a bien fait notre travail durant la petite enfance, les habitudes et les réflexes seront bien ancrés chez nos enfants, et on n'aura peut-être pas trop besoin de répéter... Les répercussions positives se feront sentir à l'école, puisque l'enfant, habitué à obéir quand c'est le temps de le faire, sortira son cahier, ses crayons, son livre, etc. sans rouspéter quand l'enseignant donnera sa consigne. Du même coup, la compétence «vivre ensemble» deviendra une seconde nature.

Finalement, un dernier mot sur la teneur d'une réprimande. Quand on reprend notre enfant, on le fait sur son comportement, pas sur sa personne. Il est très important de faire la distinction entre les deux, il faut que ce soit aussi clair pour nous que pour notre enfant. On est fâché/déçu/triste/blessé/insulté/enragé par rapport au geste, à la parole, à l'action, à la bévue, à la gaffe, au langage, au comportement, à l'attitude de l'enfant, mais cela ne change absolument rien à l'amour qu'on éprouve pour notre progéniture! On ne l'aime pas moins parce qu'il a gaffé! Il est primordial de rassurer notre enfant sur ce point, de nommer ce qui se passe. Ne vous gênez pas pour le lui dire:

Je déteste ce que tu as fait...
Je ne suis pas d'accord avec ton choix...
Je suis déçue de tes résultats...
Je n'aime pas ton attitude...
mais je t'aime, toi, et je t'aimerai toujours.

Enfin, chers parents et futurs parents, je vous souhaite de BIEN aimer votre enfant, à l'aide de cette formule toute simple: dose égale d'amour et de discipline! Voilà une façon saine et positive de stimuler l'estime de soi de nos jeunes, avec des conséquences merveilleuses dans notre société. Mais plus important encore, c'est le bonheur véritable de votre enfant qui en dépend... de même que le vôtre.

Créer
Apprendre
Réussir
Développer